마르크스는 처음입니다만

マルクスのかじり方
石川 康宏 著

© 2011 ISHIKAWA YASUHIRO

마르크스는 처음입니다만

2016년 11월 28일 초판 1쇄 발행
2019년 7월 31일 초판 8쇄 발행

지은이   이시카와 야스히로
옮긴이   홍상현
편집   조정민 김삼권 최인희
디자인   이경란
표지그림   김보통
인쇄   도담프린팅
종이   타라유통

펴낸곳   나름북스
펴낸이   임두혁
등록   2010.3.16 제2014-000024호
주소   서울특별시 마포구 월드컵로15길 67 2층
전화   (02)6083-8395
팩스   (02)323-8395
이메일   narumbooks@gmail.com
홈페이지   www.narumbooks.com
페이스북   www.facebook.com/narumbooks7

ISBN 979-11-86036-27-3 03300
값 15,000원

이 도서의 국립중앙도서관 출판예정도서목록(CIP)은 서지정보유통지원시스템 홈페이지
(http://seoji.nl.go.kr)와 국가자료공동목록시스템(http://www.nl.go.kr/kolisnet)에서 이용하
실 수 있습니다. (CIP제어번호: CIP2016025181)

마르크스는 처음입니다만

이시카와 야스히로 지음 | 홍상현 옮김

나름북스

한국의 독자 여러분께
— 일본에서의 마르크스 수용 역사

한국에서 출판된 세 번째 책

처음 뵙겠습니다. 이시카와 야스히로입니다. 일본의 고베여학원 대학에서 경제학을 가르치고 있습니다. 제가 쓴 《마르크스는 처음입니다만》이 한국의 독자 여러분을 만나게 된 것을 대단히 기쁘게 생각합니다.

제 책이 한국어로 번역된 것은 이번이 세 번째입니다. 첫 번째는 제 지도 학생들과 같이 쓴 《일본군 위안부 문제: 일본 여대생들은 어떻게 공부하고 느꼈는가》, 두 번째가 우치다 타츠루 선생님과 함께 쓴 《청년이여, 마르크스를 읽자》였어요. 《청년이여, 마르크스를 읽자》는 일본에서 시리즈로 출판되어, 최근의 '번외편番外編'까지 포함해서 벌써 세 권이 나와 있습니다.

이 《마르크스는 처음입니다만》은 왕초보를 위한 마르크스 입문서입니다. '마르크스에 관심이 있다'는 분들보다 오히려 '마르크스가 뭐예요?' 하시는 분들을 위해 쓴 책이죠. 책의 마지막 부분에 제가 가르치는 학생들이 등장하는데, 그들도 마르크스를 읽는 게 '난생 처음'이에요. 그런 책이니 여러분도 소파에서 뒹굴뒹굴하면서 가벼운 마음으로 보면 좋겠습니다.

보다 평화롭고 민주적인 일본을 지향하며

여기서 잠시 제 소개를 할게요. 저는 1957년생이고, 59살 남성입니다. 한반도를 식민지로 만들고 아시아 곳곳에 침략의 마수를 뻗친, 자칭 '대일본제국'이 전쟁에서 진 12년 후에 태어났습니다. 어린 시절엔 천황제의 권력에 의해 침략의 앞잡이가 되어 팔을 잃거나 다리를 잃은 어른들의 모습을 거리에서 더러 봤습니다. 고등학교 때까지는 삿포로라는 눈이 많은 동네에 살다가 1975년에 교토로 옮겨 갔는데, 리츠메이칸대학에 입학하기 위해서였습니다. 제가 처음 마르크스를 읽은 것도 이 대학에서였죠.

당시 리츠메이칸대학에는 미국의 전쟁에 반대하는 평화 운동(1975년은 미국이 베트남 침략 전쟁에서 패배한 해로, 그때까지 일본은 오랫동안 미국을 지원했습니다)과 재계·대기업 중심의 정치를 국민 전체를 위한 정치로 바꾸려는 운동이 벌어지고 있었습니다. 학생들뿐만 아니라 교직원들까지 활발하게 참가하고 있었어요.

그런 분위기에서 저는 선배의 권유로 마르크스를 읽고, 마르크스의 학문과 삶의 방식에 이끌려 '보다 평화롭고 민주적인 일본'을 만들어 가는 운동에도 참여하게 되었습니다.

그날 이후 벌써 40년이 흘렀네요. 그간 일어난 여러 사건들에 대한 이야기야 생략하더라도, 많은 일들에 관여해 온 저는 아직도 마르크스를 읽으며 '보다 평화롭고 민주적인 일본'을 만들기 위한 운동을 계속하고 있습니다. 나름대로 제법 집념이 강한 성격이죠. 😊

마르크스에 대한 부당한 평가의 근원

그런데 마르크스는 어떤 사람일까요? 간단히 소개할게요. 마르크스는 《자본론》으로 대표되듯, 자본주의 사회를 정밀하게 분석한 학자이자 자본주의 사회의 결함을 극복하기 위해 사회 개혁을 호소한 혁명가였습니다. 마르크스가 연구한 학문의 영역은 크게 세계관(철학), 경제 이론, 자본주의 이후 다가올 미래 사회(사회주의·공산주의)론, 자본주의 개혁·혁명론 등 4개 분야에 걸쳐 있으며, 이는 서로 깊은 연관을 맺고 있습니다.

조금 앞질러 말하면, 마르크스의 학문과 정치적 주장은 나중에 소련의 스탈린이 정식화한 '소련형 마르크스주의=스탈린주의'와는 많이 다릅니다. 스탈린은 민중에 대한 강력한 지배를 확립하기 위해 마르크스의 학문을 왜곡하고, 그렇게 왜곡된 마르크스 안에서 자신에게 권위를 부여했거든요. 이것이 오늘날 마르크스에 대한 오해나 악평의 상당 부분을 구성하는 원인이고요. 마르크스에게 완전히 폐만 끼친 거죠.

그런데 마르크스 본래의 학문이나 주장은 때때로 정치적·경제적 지배층에겐 무척 눈에 거슬리는 것이었습니다. 1848년 유럽에서 부르주아 혁명의 움직임이 일어났을 당시, 마르크스는 왕정에서 의회제로의 전환을 요구하며 앞장서 싸웠거든요. 또한 경제적으로 발전한 영국 등에서는 노동자들의 빈곤에 분노하며 약육강식의 자본주의를 협동과 연대의 새로운 사회로 전환하기 위한 투쟁을 호소하기도 했습니다.

그래서 마르크스는 고국인 독일에서 추방당하고, 프랑스, 벨기에에서도 살 수 없게 되어 정치적 망명자에 너그럽던 영국으로 건너갈 수밖에 없었습니다. 마찬가지로 마르크스의 학문 또한 학문으로서의 정당성 문제와는 별개의 이유로 지배자들로부터 악의적인 비난을 받았습니다. 지금도 여전히 마르크스에게는 그런 정치적·경제적 이해에 따른 왜곡과 부당한 평가가 스탈린에 의해 저질러진 내용적 왜곡과 뭉뚱그려져 가해지는 경우가 적지 않습니다.

일본의 마르크스 연구, 그 시작

그런 마르크스를 해설한 입문서가 왜 지금 일본에서 출판됐을까요. 이 부분을 설명하려면 조금 복잡한 일본 사회의 마르크스 수용 역사를 설명하지 않을 수 없습니다. 잠깐 살펴볼까요?

1991년 소련 붕괴(소련은 스탈린과 그 후계자들이 지배하던 민중 억압과 패권주의의 사회였습니다)를 계기로 세계에서 공산당이라는 이름의 정당이 차례차례 사라졌습니다.

스탈린에 의한 왜곡이 이루어지기 전까지 사회주의·공산주의 사회를 위해 정당 활동이 필요하다는 점을 가장 먼저 이야기한 것이 마르크스였습니다. 일본에도 이런 흐름이 미쳐 1922년 공산당이 만들어졌죠. 이때 만들어진 일본공산당은 오랫동안 생명력을 지속하며 지금도 국회에 일정한 의석을 확보(2016년 선거 득표율 10.74%, 득표수는 600만이 넘습니다)하고, 아베 정권의 호전적이고 강압적인 정치와의 투쟁에서 구심점이 되고 있습니다.

일본에서의 마르크스 연구 시작은 이 정당의 탄생과 깊은 연관을 맺고 있습니다.

그러나 창립 직후 일본공산당은 '침략 전쟁에서 손을 떼라', '식민지를 해방시켜라', '한반도를 조선 민중의 손에', '천황제 타도', '민중에게 주권을' 등의 주장을 내걸었기 때문에 천황을 정점으로 한 지배층은 당연히 이를 적대시했습니다. 1925년에는 공산당을 겨냥한 치안유지법이라는 탄압법이 만들어졌고, 마르크스의 저작도 사실상 금서로 취급됐죠. 그 결과 마르크스 연구나 마르크스적 시각으로 일본 사회를 분석하는 연구는 지하로 숨어든 공산당원이나 공산당에 공감하는 연구자들이 비밀리에 진행하는 작업이 되었습니다. 이것이 일본에서의 마르크스 수용의 초기 상황입니다.

제2차 세계대전 후의 민주화 속에서

이러한 상황이 크게 바뀐 건, 침략 전쟁에 패배한 일본을 미국이 군사 점령하고 '전후 개혁'을 하면서부터입니다.

천황을 주권자로 하고, 주변의 관료와 군부가 함께 민중을 지배하던 태평양전쟁 이전의 국가 체제는 이 개혁을 통해 해체되었습니다. 군대를 해산한 일본은 한반도를 포함한 모든 식민지에서도 손을 떼게 됩니다. 또한 정치적 민주화의 일환으로 투옥된 정치범이 풀려나고, 탄압으로 인해 1935년 전국적인 조직 활동을 중지했던 일본공산당도 즉시 활동을 재개합니다.

일본공산당은 '침략 전쟁에 반대했던 유일한 정당'이라는 신뢰에 힘입어 1946년 태평양전쟁 이후 최초로 치러진 선거에서 5개의 의석을 획득하고, 국회에서 1947년 시행된 일본국 헌법(신헌법)에 '국민 주권'을 명기하는 결정적 역할을 했습니다. 마르크스를 읽고 연구하는 것도 자유로워지면서 대학 강의를 통해서도 다양한 형태로 마르크스를 가르칠 수 있게 되었고요(이후 1980년대까지는 '경제 원론' 강의가 '근대 경제학'과 '마르크스 경제학', 두 축으로 진행되는 경우도 드물지 않았습니다). 이 시기, 전시 체제하에서 비밀경찰이 몰수했던 마르크스 관련 서적이 중고 서점에 한꺼번에 쏟아져 나오는 일도 있었다고 합니다.

냉전 속에서 다시 시작된 억압

그러나 상황은 다시 뒤바뀝니다. 1945년부터 1952년까지 7년에 걸쳐 미국의 일본 점령이 이어지던 중, 점령 방침이 크게 전환된 겁니다.

연합국 측에는 전후 일본의 개혁 방향을 정한 '포츠담 선언'이라는 합의문이 있었습니다. 이 내용은 일본을 평화롭고 민주적인 나라로 다시 만들고, 전쟁 범죄자를 엄중히 추궁하는 것입니다. 1947

년 시행된 일본국 헌법은 기본적으로 이 노선에 따라 만들어졌습니다. 하지만 미국은 1948년, 이를 일방적으로 내팽개치고 일본을 미국의 군사 기지로 재건하는 길을 걷습니다. '전쟁 포기'를 규정한 헌법 제9조의 변경을 처음 요구한 게 다름 아닌 미군이었던 겁니다.

미군에 방침 전환을 촉구한 것은 미·소를 정점으로 한 동서 냉전의 진전이었습니다. 유럽에서의 서유럽·동유럽 갈등뿐만 아니라 동아시아에서도 1948년 한반도가 남북으로 분단되었고, 1949년에는 중국에 공산당 정권이 생겨났습니다. 이러한 상황 변화를 마주한 미국이 일본의 종속화와 재군비를 시작한 겁니다.

현대 일본에는 과거의 전쟁이 침략 전쟁이었음을 인정하려 들지 않는 정치가(아베 총리가 대표적입니다만)가 적지 않은데, 그 큰 이유 중 하나가 미국이 이렇듯 전쟁 범죄에 대한 추구를 중단하고 심지어 전쟁 범죄 용의자를 '미국에 종속된 일본 만들기'를 위한 대리인으로 활용했기 때문입니다.

이러한 전환으로 일본공산당과 마르크스는, 이번에는 미국 점령군의 적으로 간주됩니다. 1950년 한국전쟁 직전, 미국은 '공직 추방'이라는 형태로 일본공산당에 직접적인 공격을 개시하는 동시에 '일본공산당은 소련의 앞잡이', '마르크스는 민주주의를 부정하는 소련의 사상'이라는 선전을 본격화합니다. 점령군의 하청 기관이었던 당시 일본 정부도 여기에 적극 동조했습니다.

이렇게 1945년까지 자칭 '대일본제국'에 의해 '천황제의 전복을 꾀하는 불경한 패거리' 취급을 받던 공산당과 마르크스에 다시 한

번 '독재자 스탈린의 소련과 직결된 반민주주의적 위험 사상'이라는 꼬리표가 붙었습니다.

이론과 역사를 왜곡한 스탈린

여기서 스탈린이라는 인물에 대해 살짝 소개하겠습니다. 저는 앞서 스탈린을 소련의 독재자이자 마르크스의 학문을 왜곡한 인물이라고 소개한 바 있는데, 그것은 이 점에 대한 이해가 현대의 마르크스 평가를 결정적으로 좌우하는 기준이 되기 때문입니다.

마르크스는 1883년 작고했으며, 그의 동지였던 엥겔스도 1895년 타계했습니다. 이후 그들의 이론과 운동을 가장 분명히 계승한 것이 러시아의 레닌이었습니다(혁명론, 사회주의론 등과 관련해서는 마르크스를 계승하지 못한 부분도 있었지만).

레닌의 지도 아래 1917년 러시아 혁명이 성공을 거두면서 러시아에는 사회주의를 지향하는 공산당 정권이 만들어집니다. 레닌은 정치 분야에서는 민주주의를 존중하고, 경제 분야에서는 다양한 모색 끝에 시장을 활용하면서 사회주의에 접근한다(국가에 의한 통제 경제가 아니라는 겁니다)는 유연한 개혁 노선에 도달합니다.

하지만 1925년 레닌이 사망하자 권력을 장악한 스탈린이 이 노선을 전환합니다. 레닌 사후, 스탈린은 많은 동료를 학살하면서 모든 권력을 자신에게 집중시키는 개인적 전제 체제專制政體를 만들었습니다(이러한 권력 집중 제도는 레닌 시대에는 없었습니다). 동시에 1930년대에는 농업을 강제로 집단화하고(레닌은 농민의 자발적 의지를 존중했습니다), 이에 저항하는 사람들은 모두 시베리아 강제 수용소로 보내는 공포 정치를 확립합니다. 이 시점에서 소련 사회는 마르크스와 레닌이 추구한 사회와 전혀 다른 것이 되어 버렸습니다.

또한 스탈린의 교활함이 특히 드러난 것은 이 체제를 마르크스와 레닌의 이름으로 정당화시켜 세계의 공산주의자들을 자기편으로 끌어들이려 했다는 점입니다. ①사회주의는 폭력 혁명에 의해서만 태어나며, ②소련이야말로 사회주의의 모범이고, ③소련이 발전하면 자본주의는 자동적으로 붕괴한다는, 스탈린이 만든 '이론'은 소련 이외의 나라에서 벌어지는 독자적인 개혁 운동을 부인하고 오직 소련에 대한 복종과 충성만을 요구하는 체계로 이루어져 있었습니다. 이를 스탈린은 '마르크스 · 레닌주의'라는 이름으로 포장합니다.

아울러 역사의 진실을 아는 자들을 말살하면서 자신을 레닌과 더불어 러시아 혁명을 성공시킨 영웅으로 묘사하는 역사의 날조 또한 저지릅니다. 이를 소련공산당의 역사 문헌에 적어 넣은 겁니다. 사실 스탈린은 러시아 혁명에서 그다지 눈에 띄는 역할을 하지 않았는데도 말이죠.

스탈린은 이처럼 제멋대로 지어낸 '이론'과 '역사'를 당시 공산주의자들의 국제 조직이던 코민테른을 통해 각국 공산당에 전함으로써, 거짓된 국제적 '권위'를 뒤집어썼던 겁니다.

동유럽 지배를 위한 한국전쟁

스탈린 독재 치하의 소련 정치는 모략적인 한국전쟁의 개시와 지속, 일본공산당에 대한 개입 등의 형태로 한·일 두 나라의 민중에게 직접적인 피해를 끼치기도 했습니다.

제2차 세계대전 이후 독일과의 전쟁을 통해 동유럽 국가에 소련군을 주둔시킨 스탈린은 이들을 소련의 '위성국'으로 만들려고 했습니다. 그러나 각국의 저항이나 국제 여론의 비판 때문에 생각처럼 수월하게 진행되진 않았죠. 그 와중에 미국이 유럽 부흥에 본격적으로 나서기까지 했고요. 이러한 상황에 초조함을 느낀 스탈린은 아시아에 '제2전선'을 열기로 계획합니다. 미국의 힘을 아시아로 돌려 시간을 벌고, 그 사이에 동유럽의 '위성국'화를 끝내려 한 겁니다. 한국전쟁은 1950년부터 이러한 계획하에 스탈린 주도로 시작됐습니다.

1949년 한국에서 미군 주력 부대가 철수하는 걸 보고, 우선 김일성이 스탈린에게 '남진南進' 허가를 요구합니다. 스탈린은 당초 미국을 도발하지 않겠다는 입장을 취했지만, 점차 이 방침을 전환해 1950년 3월부터 4월 사이 김일성 등과 가진 세 차례 회의를 통해 '남진' 작전을 함께 수립합니다.

미국을 한반도에 묶어 두는 한편, 자신들의 운신을 자유롭게 하기 위해 스탈린은 북한에 대한 군사 지원을 1949년 막 공산당 정권이 들어선 중국에 맡깁니다. 이를 마오쩌둥에게 지시한 건 정확히 개전 직전인 5월의 일이었습니다.

결국 미국은 UN군을 중심으로(이런 흐름을 원했던 소련은 의도적으로 UN의 관련 회의에 불참합니다) 한국전쟁에 많은 에너지를 쏟아부었고, 그 사이 스탈린은 부족하게나마 동유럽 '위성국'화에 성공합니다.

이렇게 한반도의 민중을 분단에서 상호 간의 살육에까지 이르게 한 한국전쟁은 스탈린의 영토·세력권 확장 욕구를 충족시키기 위한 하나의 수단이었던 겁니다.

일본공산당에 무장 투쟁을 요구

스탈린이 주도한 한국전쟁은 일본의 정치와 사회에도 큰 영향을 끼쳤습니다.

첫째, 이 전쟁을 계기로 미국은 일본의 재군비를 진행합니다. 전후 일본은 '군대 없는 나라'가 되었지만, 한국전쟁이 일어난 해 경찰 예비대가 창설되었고(군대의 부활입니다), 이것이 1952년 보안대가 되었다가 1954년 자위대로 격상되어 오늘에 이릅니다. 1952년에는 구旧 미·일 안보조약도 발효됐습니다. 점령 초기의 평화롭고 민주적인 일본을 만들겠다는 개혁 노선이 역전됐다는 점에서 이는 일본에서 '역逆코스'라 불립니다.

둘째, 본래대로라면 이러한 움직임과 정면으로 맞서지 않으면 안 될 일본공산당에 대해 스탈린이 난폭하게 개입하면서 일본 민중의 운동을 혼란에 빠뜨렸습니다. 개입 목적은 한반도에서 이루어지던 미군의 활동을 '후방'에서 교란하려는 것이었습니다. 1949년 이미 일본공산당의 내부 사정을 조사한 스탈린은 1950년 점령군과의 '무장 투쟁'을 요구합니다. 그리고 일본공산당에 스탈린파의 분파를 만들어 미국 점령군의 '공직 추방'을 계기로 분파에 의한 당의 장악을 꾀했습니다. 그 후 이 분파의 본부를 중국 베이징에 둔다고 한데서 알 수 있듯('그래서 '베이징 기관'이라 불렸습니다), 개입은 소련공산당과 중국공산당의 제휴에 의한 것이었습니다.

'무장 투쟁' 운운하지만 미군의 점령하에서 일본공산당이 무기 같은 걸 가지고 있을 리 없었습니다. 만에 하나 요구를 수용한다 치더라도 이를 어떻게 조달할 생각이었는지 알 수 없지만, 스탈린 분파는 용감하게도 공수표를 남발했습니다. 그리고 오히려 이 일을 빌미로 점령군과 일본 정부가 '소련의 앞잡이', '폭력 혁명의 당'이라며 크게 선전해 대는 바람에 공산당은 국민의 신뢰를 잃어 버렸습니다. 그 결과 1949년 선거에서 35석(298만 표)이나 확보했던 공산당 의석은 1951년 선거에서 '0석(89만 7000표)'을 기록했습니다.

사태는 1952년 미군이 일본에 대한 군사 점령을 끝내고 1953년 스탈린 분파의 유력 간부가 사망하면서 수습됐습니다. 이를 계기로 한반도에서는 정전 협정이 체결되고, 일본공산당 내 분파 활동도 정체되기에 이릅니다.

일본공산당의 통일성 회복은 1957년 정식으로 이뤄졌는데, 이때 진행된 제7회 당 대회에서 당은 중요한 결정을 내립니다. 앞으로 어떤 해외의 '권위'에도 종속하지 않고, 일본의 문제를 스스로 판단하고 결과에 대한 책임도 스스로 진다는 '자주 독립'의 노선을 확인

한 겁니다. 이는 '소련을 정점으로 한 세계 공산주의 운동'이라는 당시의 상식에서 보면, 문자 그대로 '이단'에 다름 아닌 결정이었습니다.

이러한 결정에 따라 이후 소련공산당과 중국공산당이라는 국제사회의 양대 공산당에 의해 다시 한번 강력한 개입을 받게 되었을 때도, 일본공산당은 당 차원에서 정면 반격했으며, 결코 굴하거나 다시 분열하는 일도 일어나지 않았습니다.

'마르크스 · 레닌주의' 총 점검

1960년대에 일본공산당은 일본 사회의 개혁 전망과 미국 제국주의에 대한 평가를 놓고 국제적으로 소련 · 중국 공산당과 철저한 논쟁을 벌였습니다.

또, 1970년대 들어 스탈린주의 '이론' 체계에 대한 자주적이고 비판적인 검토를 본격적으로 시작합니다. 1970년 제11회 당 대회에서는 소련형 '사회주의'를 일본 장래의 모델로 삼지 않고, 반대 정당의 존재와 선거에 의한 정권 교체 등 의회제 민주주의의 룰을 준수하는 내용을 명시했습니다. 이 방침은 1976년 제13회 당 대회에서 '자유와 민주주의의 선언'을 통해 더욱 발전합니다.

또한 이 대회에서 일본공산당은 강령과 규약 안에 남아 있던 '마르크스 · 레닌주의'라는 명칭을 모두 '과학적 사회주의'로 통일합니다. 이는 단순히 명칭만의 문제가 아니라 스탈린이 출발점을 정한 '이론' 체계를 향후 전면적으로 총 점검해 나갈 의지를 표명한 것이었습니다.

1985년 제17회 당 대회에서는 '자본주의의 전반적 위기'라는 규정이 강령에서 삭제됩니다. 냉정한 현실 인식의 눈을 흐리는 독단적 규정이라는 판단에 근거한 것이었습니다. 이어 소련이 어떤 사회인지에 관해서는 단계적 이해의 깊이가 있었지만, 소련이 붕괴(1991년)한 순간 이를 '역사적 거악巨惡의 붕괴'로 환영했으며, 1994년 제20회 당 대회에서는 스탈린과 그 후계자들이 구축한 정치·경제 체제가 사회주의와 무관한 인간 억압 사회였다는 결론을 내놓습니다.

이처럼 창조적이고 의욕적인 이론 활동은 스탈린의 왜곡을 넘어 '마르크스의 진정한 모습'을 회복함은 물론, 마르크스 자신의 견해에 기초해 냉정하고 과학적인 마르크스 연구를 가능하게 하는 길을 열었습니다. 이러한 연구의 축적에 의해 현대 일본에서는 '마르크스·레닌주의'라는 껍질에 얽매이지 않는 새로운 세대의 마르크스 연구가 활기를 띠고 있습니다.

소련 붕괴 이후 일본의 정치 동향

다시 일본의 정치 동향으로 돌아오면, 1991년 소련 붕괴는 일본의 지배층이 '마르크스와 공산주의는 죽었다', '공산당은 시대에 뒤떨어졌다', '자본주의 만세'라며 대대적인 캠페인을 벌이는 계기가 됐습니다. 일본의 서점에서 마르크스 책이 사라지는 일도 일어났죠.

이에 대해 일본공산당은 ①붕괴한 건 소련형의 억압과 패권주의 사회이며, 이는 세계의 진보라는 측면에서 환영해야 할 일이다, ② 소련의 붕괴로 자본주의의 여러 문제가 해결된 게 아니므로 '자본 주의 만세' 운운할 상황이 아니다, ③자본주의가 안고 있는 문제 해결을 전망할 때, 마르크스의 사상은 여전히 그 생명력을 지니고 있다는 취지의 반론을 제기했습니다.

그로부터 15년이라는 세월이 흐른 오늘, 일본공산당은 아베 정권을 무너뜨리기 위해 '시민과 야당의 연대'를 추구하는 운동 속에서 정당으로서의 중심적 역할을 짊어지며, 다시금 시민들로부터의 신뢰를 확대하고 있습니다. 그 결과 2016년 여름 선거에서 득표율 10%를 넘어선 사실은 앞서 소개했던 바와 같습니다.

마르크스를 연구할 경우, 마르크스가 늘 옳다는 원리주의나 마르크스의 모든 행동을 정당화하는 신격화의 입장을 취하지 않는 일은 과학으로서의 당연한 대전제입니다.

이러한 연구의 한 가지 도달점으로서 현대 일본에서는 마르크스가 진행했던 연구를 그 자신이 경험한 성장·발전의 역사에 입각해 파악하는 일의 중요성이 공유되고 있습니다. 또한 동지 엥겔스와의 이론적 입장 차이가 엥겔스가 편집한 《자본론》 2권, 3권에서 어떻게 나타나는가 하는 물음도 제기되고 있습니다. 더욱이 과거에는 오랫동안 레닌의 견해를 통해 마르크스를 이해하려는 경향이 존재했던 반면, 최근에는 혁명론이나 사회주의론 영역에서 레닌과 마르크스의 큰 차이가 지적되기도 합니다.

'최신 연구 결과'에 근거한 입문서

이제 슬슬 마무리하겠습니다. 이 짧은 마르크스 입문서는 실은 이런 역사에 근거해 쓰였습니다. 누구나 읽을 수 있는 입문서지만, 내용은 '마르크스·레닌주의'에 대한 전면적 재검토가 시작된 이후 40년 넘는 세월 동안 축적된 연구 결과를 바탕으로 한다는 점에서 '최신 마르크스 입문서'입니다. 일본의 '평화적이고도 민주적인 개혁'을 전망함에 있어 '진정한 마르크스'의 역할은 여전히 중요하기 때문에, 이러한 마르크스를 일본의 젊은 세대에게 확실히 전하고 싶다는 제 개인적 바람이 담긴 책이기도 합니다. 이걸 알려 드리려다 보니 엄청 긴 글을 쓰고 말았네요.

정작 본문은 누구나 읽을 수 있는 입문서인데, 한국의 독자 여러분을 위해 쓴 이 글은 양도 많고 내용도 꽤 까다로워져 버렸군요. 하지만 이 책의 '자기소개'를 위해 불가피한 일이기도 했습니다. 일본의 정치사와 현상, 스탈린의 역사적 역할과 소련 사회의 실상, 마르크스와 '마르크스·레닌주의'의 관계 등 '과학적 사회주의(마르크스주의)'의 역사와 관련해서도 다소 자세한 이야기를 전해 드릴 수 있었던 것 같고요.

자, 그럼 이제부터는 '부드러운 마르크스 입문'을 즐겨 보시죠. 여기까지 읽어 주셔서 감사합니다.

2016년 10월

이시카와 야스히로

안녕하세요. 고베여학원대학의 이시카와 야스히로입니다.

제가 학교에 다니던 시절(1970년대)만 해도 마르크스를 모르는 학생이 있다곤 생각조차 할 수 없었죠. 그렇게 유명인이던 마르크스가 서점과 사상계에서 '불우不遇의 시대'를 맞이하게 된 게 1980년대 후반의 일이던가요. 1991년에는 소련 붕괴라는 대사건을 맞아 '소련=마르크스'라는 아무리 봐도 단순하기 짝이 없는 발상에 기초해 '마르크스는 죽었다', '자본주의 만세' 운운하며 떠드는 캠페인도 벌어졌습니다. 저보다 젊은 세대인 여러분은 아마 모르실 수도 있겠지만, 이 시기부터 갑자기 마르크스의 등장이 뜸해지기 시작했어요.

하지만 그로부터 20년이 지난 지금, 일본은 도저히 '만세'를 부를 만한 상황이 아니죠? 학교에서도, 취직해 일하면서도, 결혼해도, 정치판을 봐도, 도대체 희망이 보이지 않는다는 목소리가 넘쳐

납니다. 그 와중에 '좀 더 나은 세상이 되었으면 좋겠다'는, 특히 청년 세대의 간절한 바람과 '아직 마르크스는 죽지 않았어!'라고 외치는 아저씨 · 아주머니 세대의 '가르침'이 이어진 것이 최근 마르크스가 작은 붐을 일으킨 계기라고 생각해요.

지난해(2010년) 저는 같은 대학의 동료이자 선배이기도 한 우치다 타츠루 선생(2011년 3월 퇴직)과 함께 《청년이여, 마르크스를 읽자》라는 책을 냈습니다. 이 책을 읽은 많은 독자들이 '처음으로 마르크스를 읽었다', '재미있었다'는 신선한 충격과 기쁨 어린 감상을 들려주었는데요. 앞으로도 2권, 3권을 계속 내면서 마르크스의 대표 저작들을 함께 읽어 볼 생각입니다.* 이에 비해 《마르크스는 처음입니다만》은 더 간단하게, 단 한 권으로 마르크스의 모든 것을 파악할 수 있도록 하자는 의도로 만든 책입니다.

I장을 읽으면 '마르크스를 들어 봤다'는 정도의 수준에 도달할 수 있고, II장에 오면 '마르크스를 좀 안다'는 소리를 들을 정도(그런데, 누구한테?)가 되며, III장까지 읽으면 누구라도 '마르크스와 직접 수다를 떨어 보고 싶다'는 기분이 고조되도록(꼭 그렇게 되도록? 아마도?) 구성되어 있어요.

책의 구성에 대해 말씀드리면, 맨 처음 내용을 정리한 것은 II장입니다. 시부야澁谷에서 가진 〈학창 시절에야말로 마르크스를!〉이라는 제목의 신입생 환영 기획 강연 내용을 《전위》(2010년 8월호)에

---

* 《청년이여, 마르크스를 읽자》 2권은 일본에서 2014년 9월 출판되었다. (-옮긴이)

게재했는데, 그 글이 기본입니다. 또, '이것을 더 재미있고 알기 쉽게' 써 달라는 주문을 받고 〈지금, 마르크스가 재미있다〉는 제목으로 〈민주청년신문〉(2010년 8월 30일~10월 11일)에 7회에 걸쳐 연재한 것이 I 장이고요. 각 장 사이의 '잠시 쉬어 가기'는 월간 《게이자이》(2008년 5월호)가 주최한 좌담회 〈교사와 학생의 대화: 대학 생활과 배움〉에서 제가 이야기한 내용을 재구성한 것입니다. I 장과 II 장은 단행본 출판에 맞춰 고쳐 썼고, III 장은 이 책을 통해 첫선을 보이는 재미있는 기획이에요.

그럼, 카페에서 차라도 한잔 하면서 부담 없이 읽어 보시길.

2011년 3월
이시카와 야스히로

글 싣는 순서

I.

지금, 마르크스가 재미있다

1.
자신감이 필요해

배운다는 건
재미있는 일

　저는 '마르크스를 읽자, 배워야 한다'는 말을 여기저기 하고 다닙니다. 《청년이여, 마르크스를 읽자》도 그런 의미의 제목이잖아요? 하지만 개중에는 막상 그런 식으로 '강요'당하면 왠지 읽고 싶다는 생각이 안 드는 사람도 있을지 모릅니다. '읽자', '읽어라', '읽을 필요가 있다' 같은 소리를 들으면 확실히 괜한 의무감이 느껴지기도 하고요. 그런 건 재미없죠.

　'재미있게 배운다'는 것도 사실 무척 이상한 소리입니다. 왜냐하면 배움이란 본질적으로 즐거운 것이거든요.

어린 시절 저는 밖에서 해 질 녘까지 뛰놀다 늦게 들어가 어른들께 꾸중을 듣는 일이 몇 번이나 있었습니다. 뭘 하고 놀았는지는 기억나지 않지만 적어도 '시간 가는 줄 모를 만큼 재미있었다'는 건 확실해요. 그런데 배움이란 것도 마찬가지예요. 일단 시작하면 그만두기 쉽지 않거든요. 그런 재미들로 가득 차 있다는 이야기입니다.

여러분들 중엔 아마 그런 재미를 느껴 본 적 없는 분도 계실 겁니다. 확실히 지금의 학교 교육이라면 그런 체험을 해 볼 기회가 드물지도 몰라요. 그래도 여간하면 〈공룡의 탄생〉이라든가 〈우주의 기원〉, 혹은 〈고대의 유적〉 같은 텔레비전 프로그램을 두근거리며 본 경험 정도는 있잖아요. 예, 그겁니다, 그거. 그 두근거림이 진정한 배움의 기쁨이에요.

그 재미가 무엇으로 구성되어 있는지 분석해 봤더니 우선 그 핵심은 '아, 그랬구나!', '어? 진짜?', '오, 그렇게 볼 수도 있겠네!' 같은 흥미로운 신발견이고, 다른 하나는 그런 만남을 통해 사회나 자연을 바라보는 시각이 풍성해지는 기쁨이었습니다.

즉 두근거림 속에서 새로운 지식을 접하고, 어느덧 그 지식으로 주변을 바라볼 만큼 성장한 자신의 모습을 통해 느끼는 즐거움 말이죠. 성장한 내 모습을 실감하는 일이 어떻게 즐겁지 않을 수 있겠어요. 이것이야말로 배우는 기쁨이라고 저는 생각합니다.

이 장에서 저는 그런 의미에서의 '마르크스의 재미'를 여러분께 될 수 있는 한 많이 전해 드리고자 합니다.

씩씩하게
살아갈 '자신'

마르크스에 대한 내용으로 들어가기 전에 배움에 대한 제 생각을 조금만 더 이야기해 보겠습니다. 2010년 4월 저는 어느 청년 단체의 학습회에 참석해 '학창 시절에야말로 마르크스를!'이라는 주제로 이야기를 했었습니다(그 내용이 이 책 Ⅱ장의 기본이고요).

'학창 시절'과 '마르크스'를 한데 묶은 것은 학습회를 주최한 분들이었어요. 제 나름대로 '그런데 도대체 이걸 어떻게 엮는다지?' 생각하다 내린 결론은 이런 것이었습니다.

'마르크스는 이 세상에서 포기하지 않고 살아갈 자신을 준다.'

여기서 잠시 설명을 곁들이겠습니다. 지금의 사회에는 우리 삶을 힘들게 하는 많은 문제들이 있습니다. 엄청나게 비싼 학비, 턱없이 부족한 일자리, 그나마 힘들게 구한 일은 비정규직에 저임금, 가족이나 친구 관계에서의 어려움 등. 제가 가르치고 있는 대학생들, 아니, 우리 집 아이들만 봐도 요즘 젊은 사람들은 정말 힘들겠구나 싶어요.

카를 마르크스 Karl Marx

하지만 그런 어려움이 있다 하더라도 사회에 짓눌려 살아갈 힘마저 잃어버린다면 너무 억울하겠죠. 물이 조금씩 탁해지고 싫은 물고기가 있더라도 씩씩하게 헤엄쳐 가야만 합니다.

그럼 이 '씩씩함'은 어떻게 습득할 수 있을까요.

'마음을 단단히 먹는다'라든가 '힘을 내는' 것도 도움이 되겠지만, 그것만으로는 에너지를 지속시키기 힘들 거예요. 좀 더 내용이 있는 무언가가 필요합니다. 저는 그것이 '이렇게 살면 되겠다'는 자신 아닐까 합니다.

그리고 그 '자신'을 익히기 위해서는 우선 내가 사는 사회 구조를 파악하고, 사회와 나의 관계를 생각하며, 끝내는 나의 성장에 대한 희망을 가져야 합니다. 저는 이 세 가지를 대번에 제대로 가르쳐 주는 것이 '마르크스'라고 생각합니다.

마르크스는
어떤 사람일까

이런저런 이야기들을 하느라 막상 중요한 마르크스에 관한 이야기는 아직 시작도 안 했네요. 마르크스의 풀 네임은 카를 마르크스Karl Marx입니다. 마르크스가 성, 카를이 이름인데요. 그러니 어린 시절에는 '마르크스 씨 댁의 카를 군' 정도로 불렸겠죠. 1818년 독일에서 태어나 1883년 영국에서 죽었습니다.

"뭐하는 사람이냐"고 물으면, '혁명가'라고 하는 것이 가장 적절한 대답이겠습니다.

마르크스가 활약한 것은 자본주의 경제가 발전하기 시작하면서 노동자들 또한 고통받기 시작한 시대였습니다. 그러한 상황에서 마르크스는 경제적 발전도 좋지만 고통받는 사람들을 위해 뭔가 해야겠다는 생각으로 자본주의 구조와 사회 역사를 연구하고, 정치와 경제를 개선하려는 노동자들의 운동에 매달렸습니다.

그러한 연구와 운동은 21세기인 지금까지도 크나큰 영향력을 발휘하고 있습니다. 마르크스는 요 몇 년 새 국제적으로 일종의 붐이 일면서 각 매체에서도 빈번히 다뤄지고 있어요. 그중에서도 특히 흥미로웠던 건 1999년 영국 공영방송

BBC가 국내외 시청자들을 대상으로 실시한 설문 조사 결과였습니다. '지난 천 년간 가장 위대했던 사상가가 누구라고 생각하십니까?'라는 질문에 압도적 1위를 차지한 것이 마르크스였기 때문입니다. 2위는 아인슈타인Albert Einstein, 3위는 뉴턴Isaac Newton, 4위는 다윈Charles Robert Darwin이었습니다. 마르크스가 그만큼 많은 사람에게 '위대한 사상가'로 알려져 있다는 것을 다시금 실감하는 대목입니다.

마르크스는 혁명가입니다. 그렇기 때문에 '마르크스의 재미'는, '지금의 사회가 어떤 상황인가'뿐만 아니라 '어떻게 변화할 것인가', 나아가서는 '그런 사회에서 어떻게 살아갈 것인가'에 대해 중요한 문제를 제기합니다. 이것이야말로 '마르크스의 재미'를 이끌어 내는 큰 축입니다.

2.
청년 마르크스의 펄떡이는 생명력

마르크스가 생각했던 것들을 알아보기 전에 '마르크스의 청년기'를 살펴보겠습니다. 아마도 독자 여러분의 삶에 큰 자극이 될 거라 생각합니다.

마르크스가
나고 자란 시대

앞서 저는 마르크스가 1818년에 태어났다고 소개했습니다. 이 시절의 분위기는 어땠을까요?

당시 유럽 사회는 '프랑스 혁명'의 영향으로 동요하고 있었습니다. 1789년 일어난 그 혁명은 '왕의 정치(왕정)'에서 '국민이 선택한 대표자의 정치'로 정치의 양상이 근본적으로 바뀌는 계기였습니다.

1799년에는 나폴레옹 보나파르트Napoleon Bonaparte가 군사력으로 프랑스 정치의 정점에 올라서지만, 그의 독재 치하에서도 인간의 평등과 재산 소유의 절대성 등을 규정한 '나폴레옹 민법'이 성립되는 등 혁명의 이념은 기본적으로 지켜졌습니다. 그러다 나폴레옹이 혁명을 유럽 각국에 밀어붙이기 위해 '나폴레옹 전쟁'을 일으키는데, 이때 결정적인 역할을 한 러시아와 영국 때문에 프랑스가 전쟁에서 지게 됩니다. 그리고 1815년에는 전후 유럽의 현실에 대해 이야기하는 '빈Wien 회의'가 열려 각국의 왕정이 되살아났습니다. 실제 프랑스에서도 혁명 전에 집권했던 부르봉Bourbon 왕조가 부활했지요(1830년 다시 무너지기는 하지만).

그런 역류도 있었지만, 전쟁을 통해 프랑스 혁명의 사상적 영향은 유럽 각지로 퍼져 나갔고, 이것이 차츰 새로운 정치의 개혁을 준비하는 힘으로 작용하게 됩니다. 빈 회의가 열린 지 3년 후 태어난 마르크스는 이런 격동 속에서 청년 시절을 보냈습니다.

이 역동적인 변화의 근본에는 봉건제에서 자본주의로 이어지는 경제 구조의 전환이 자리 잡고 있었습니다.

'나'의 삶의 방식과
'모두'의 삶의 방식

1835년, 마르크스가 17세 때 썼다는 글의 일부를 소개합니다. 제목은 〈직업 선택을 앞둔 한 젊은이의 고찰〉입니다.

> 지위의 선택에 즈음하여 우리가 주요한 기준으로 삼아야 할 것은, 인류의 행복과 우리 자신의 완성이다. 《마르크스·엥겔스 전집》 제40권(저작·논문집, 1837년~1844년), 오오츠키大月 서점, 519쪽(이하 《마르크스·엥겔스 전집》은 모두 오오츠키서점판을 기준으로 합니다.)

여기서 '지위'라는 것은 각자가 원하는 '직업'을 의미하는데, 이에 대해 소년 마르크스는 '인류의 행복'과 '우리 자신의 완성'을 기준으로 결정해야 한다고 말한 겁니다. 아울러 '인간의 본성이란 오직 그가 동시대 사람들의 완성을 위해, 그 사람들의 행복을 위해 일할 때에만 달성될 수 있다'고도 했습니다(앞의 책).

'나 하나만 괜찮다면'이라는 편협한 개인주의가 끼어들 틈이 없죠. '자기'란 '사람들의 행복'을 위해 일할 때에만 '완성'된다는 것은 결국 '나'의 행복을 '모두'의 행복에 합치시키는 삶의 방식이거든요.

저는 이 소년 마르크스의 인간관에 모든 사람이 자신 있는 '삶의 방식'을 찾는 데 무척 중요한 문제 제기가 포함되어 있다고 생각합니다. '나'의 삶의 방식을 그 자신이 좌우하게 된다는 의미니까요. 아무쪼록 이 부분에 대해 잘 생각해 보셨으면 합니다.

무엇이든 스스로 셜성했던
격동의 삶

22세 때 마르크스는 예나Jena대학교에서 철학 박사 학위를 따고 대학의 교원이 되려 했습니다. 하지만 당시의 뒤떨어진 독일 사회는 마르크스처럼 진보적인 인물을 받아들일 여유가 없었죠. 그래서 마르크스는 교원이 되는 것을 단념하고, 24세가 되던 1842년 〈라인신문Rheinische Zeitung〉에서 사실상 편집장을 맡게 됩니다. 이 신문은 영업의 자유 등을 요구하는 라인주의 개혁파 자본가들이 발행하던 신문입니다. 여기서 마르크스는 정부의 신문 검열에 맞서 싸우는 한편, 서민 생활과 관련된 구체적 경제 문제에 직면하면서 사회주의 · 공산주의 사상을 접하게 됩니다.

1843년 정부가 이 신문의 발행을 금지하면서 마르크스는 파리로 건너갔습니다. 그리고 〈유대인 문제에 대하여〉와 〈헤겔 법철학 비판 서설〉 두 편의 논문을 발표하여 세상이 어떤 상황이고 앞으로 어떻게 변해야 하는지에 대한 이론적 탐구를 시작합니다. 그때 나이가 불과 25세였습니다. 그런데 정말 대단한 것은 〈유대인 문제에 대하여〉에서 벌써 인간의 '정치적 해방'을 넘어서 궁극적 의미의 '인간 해방'을 이야기하고 있었다는 점입니다.

여기서 '정치적 해방'이란 법적 평등을 의미합니다. 당시 유럽 사회는 격동의 한가운데에 있었거든요. 하지만 청년 마르크스는 이 '평등'이 실현되더라도 경제적 격차와 빈곤은 사라지지 않으므로 궁극적인 해결을 위해서는 '인간 해방'이 필요하다고 생각했고, 프랑스 혁명의 문제 제기를 넘어선 보다 근본적인 개혁을 탐구했던 것입니다.

학창 시절의 마르크스

이러한 발상은 1846년까지 집필한 《독일 이데올로기》에서 '공산주의 혁명'으로 정리됩니다. 이 시기 마르크스의 연구에서 이뤄진 진전은 매우 놀랍습니다.

  마르크스는 현실 정치 활동에서도 정력적이어서 1846년에는 프리드리히 엥겔스Friedrich Engels와 함께 브뤼셀에 '공산주의 통신위원회'를 설립했습니다. 그리고 사회 개혁에 대한 자신들의 생각을 확산시키며 영국, 프랑스, 독일의 운동가들과도 연대를 강화했습니다. 또한 이 '공산주의 통신위원회'에 런던 '의인동맹義人同盟'의 일원들도 가담하게 됩니다.

  '의인동맹'은 원래 프랑스로 도피한 독일 노동자들의 비밀 결사인데, 1840년 무렵부터 국제적 조직이 되었죠. 1847년에는 공산주의에 기초한 조직으로 개혁하기 위해 마르크스, 엥겔스의 가입과 협력을 요청했고, 같은 해 열린 대회에서 '공산주의자동맹'으로 명칭을 바꾸게 됩니다.

  이 요청에 따라 동맹의 강령으로 집필된 것이 마르크스의 《공산당 선언》입니다. 당시 마르크스는 29세의 젊은 나이였습니다.

* *

  대략만 살펴보더라도 실로 격정적인 청년 시절 아닌가요?

이 마르크스가 만약 지금의 일본에 살았다면 얼마나 활발한 연구와 활동을 했을까요. 여기서 제가 강조하고 싶은 점은 청년 마르크스의 인생에 누군가의 지시를 받고 행한 일이 단 한 가지도 없었다는 것입니다. 연구도, 정치 활동도 모두 스스로 결정했거든요. 이런 마르크스의 삶의 방식을 참고해서 여러분도 '여러분 자신의 인생'을 힘차게 살아가시기 바랍니다.

3.
사물을 어떻게 볼 건지가 중요해

이제부터 마르크스의 이론적 내용으로 들어가겠습니다. 우선은 '사물을 바라보는 관점'의 기본부터입니다. 보통은 '철학'이라든가 '세계관'이라 불리는 문제인데요. 세상을 어떻게 바라보는가에 따라 삶의 방식 또한 무척 달라집니다.

중력이 있다고 생각하니
물에 빠진다?

　마르크스는 젊은 시절부터 생을 마칠 때까지 아주 많은 논문과 책을 썼습니다. 이 책에서는 그중 유명한 글들을 조금만 소개하고, 그에 대한 해설을 곁들여 볼까 합니다. 그러니 '마르크스는 좀 더 자세하게 써 놨겠지?'라고 생각하며 읽어 주세요.

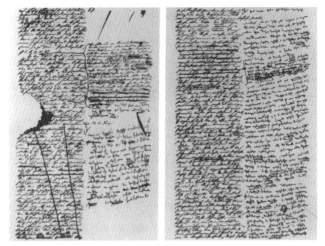

《독일 이데올로기》 원고

첫 번째는《독일 이데올로기》의 내용입니다.

옛날, 한 용감한 사내가 사람들이 물에 빠지는 것은 그들이 중력의 관념에 사로잡혀 있기 때문이라고 굳게 믿었다. 이를테면 그들이 이러한 관념을 미신적 관념, 종교적 관념이라 명언하고 머릿속에서 몰아내 버리면 모든 수해를 면할 수 있다는 이야기다. 그는 일생 동안 중력의 환영幻影과 싸웠는데…

– 《과학적 사회주의 고전 선서》판, 신일본출판사, 10쪽(이하 별도의 언급이 없을 경우 모두 이 고전 선서를 인용한 것입니다.)

사람이 물에 빠지는 것은 중력이 있다고 믿기 때문이며, 그 믿음을 머릿속에서 몰아내 버리면 물에 빠지지 않을 것이다. 이런 관점을 마르크스는 관념론이라 불렀습니다. 어떤 관념(이 경우 중력이 존재한다는)이 현실(사람이 물에 빠진다는)을 만들어 낸다는 관점인 것입니다.

　하지만 마르크스의 견해는 정반대였습니다. 사람이 알아차리든 그렇지 못하든 현실 세계에는 중력이 존재하기 때문에 중력을 거슬러 헤엄치는 기술을 배우지 않으면 중력에 대해 어떻게 생각하든 누구나 물에 빠진다. 애초에 '중력의 관념'도 현실에 중력이 존재하기 때문에 생성되는 것이다. 마르크스는 이렇듯 관념이 현실을 구성하는 게 아니라 현실이야말로 관념을 만들어 내는 근본이라 생각하고, 이런 관점을 유물론이라 불렀습니다.

　어느 쪽의 관점이 올바른지는 '취업난이라고 믿으니 취직이 안 되는 것이다', '불이 뜨겁다고 믿으니 손을 가까이 가져가면 데이는 것이다', '그렇게 생각하니 학비가 비싼 것이다' 등 관념론의 구체적인 예를 살펴보면 쉽게 알 수 있겠죠.

　여기서 마르크스가 비판하는 것은 청년 헤겔파로 불린 당시의 개혁파 이론가들입니다. 그들은 눈앞의 낡은 왕정 체제를 비판했지만, 그 초점이 종교(관념) 분야에 한정되어 있었기 때문에 민주주의나 자유 등 정치의 구체적인 분야까지 접근하지는 못했습니다. 마르크스는 그런 개혁파의 사상적 약점을 뛰어넘지 못하면 독일 사회가 민주적 개혁으로 나아갈 수 없다고 생각한 것입니다.

관념론적 사고방식에서는 '모두가 안심하며 살 수 있도록 사회를 바꾸자', '유럽처럼 학비를 내리자'처럼 현실을 개혁하기 위한 행동을 제안할 수 없습니다. 왜냐하면 모든 것을 '믿음'의 탓으로 돌려 버리기 때문입니다.

세계는 오래전부터 바뀌지 않고 있다?

두 번째는 현실 세계가 바뀌어 있는지 여부의 문제입니다. 이 부분과 관련해서 마르크스의 평생 친구이자 공동 연구자인 엥겔스가 쓴 《포이에르바하론》의 일부를 소개해 보겠습니다.

> 세계는 이미 만들어져 있는 사물들의 복합체가 아닌 과정들의 복합체로 파악되어야 하며, 그런 맥락에서 겉보기에는 고정적인 사물들이라도 … 생성과 소멸이 이어지는 변화 가운데에 있고… ― 72쪽

여기서 '만들어져 있는'이라는 표현은 이미 완성되어 어떻게든 바뀔 가능성이 없다는 의미입니다. '세계는 이미 만들어져 있는 사물의 복합체'라는 것은 수백억 년을 거슬러 올라가더라도 세계가 지금과 다르지 않은 모습이었다는 말이죠. 수많은 생명이 태어났다 사라지는 것은 인정할망정 인간, 지구, 우주 등의 모습은 지금과 완전히 동일하다는 이야기입니다.

이에 비해 마르크스는 당시 막 세상에 나온 생명과 우주의 진화론을 배우고, 세계가 변화의 '과정'에 있다고 생각했습니다. 그리고 이처럼 세계 만물이 변화의 과정에 있다고 보는 관점을 마르크스는 변증법이라 불렀습니다.

21세기인 현시점에서도 세세히 알 수 없는 부분이 있을지 모르지만, 인류와 생명의 발생, 지구의 역사, 우주의 변화 등 각각의 사물 그리고 세계 자체에 '시작'과 '변화'가 존재한다는 건 과학적 상식이죠.

마르크스가 대단한 것은 이 현대의 상식을 유럽의 수많은 사람들이 '세계는 신이 지금의 형상으로 창조한 것'이라 생각하던 시대에 거침없이 이야기했기 때문입니다. 찰스 다윈조차 생물의 '진화'가 성서의 세계관에 반하는 것이라며 《종의 기원》의 발표를 늦추던 시절이었으니까요.

사회의 변화는
우연히 결정된다?

세 번째로 살펴볼 내용도 《포이에르바하론》의 일부인데요. 사회 구조와 역사를 파악하는 방법에 관한 것입니다.

자연 과학에 비해 사회 과학은 그 탐구에 많은 시간이 걸리는 분야였습니다. 많은 사람들이 사회란 인간의 의지에 따라 어떤 방향으로든 향할 수 있고, 역사는 영웅의 등장에 크게 좌우되며, 사회 변화란 지극히 우연적이어서 과학을 통해 다룰 수 없다고 오랫동안 생각해 왔기 때문입니다. 이런 인식에 처음 본격적으로 메스를 댄 이가 마르크스와 엥겔스였습니다.

> 역사 본래의, 최종 추진력을 구성하는 동력에 대해 탐구해 보면, … 관건이 되는 것은 인간들이 이루고 있는 큰 집단, 민족 전체, 나아가 각 민족 내부의 모든 계급을 움직이는 동력이며, 이는 또한 … 거대한 역사적 변동을 이끌어 내는 지속적 행동의 동기이기도 하다. – 앞의 책, 83쪽

알기 쉽게 말하자면, 많은 사람들의 의지가 일제히 같은 방향으로 향할 때 역사가 크게 바뀌는 것이니 역사의 '추진

력'에 대한 탐구는, 즉 많은 사람들이 지속적으로 움직이는 '동기'가 어떻게 형성되는지에 대한 탐구라는 것입니다.

마르크스는 이 탐구를 통해 사회란 문화, 정치, 법률 등 여러 요소로 구성되는데, 그중에서도 가장 영향력이 강한 요소가 경제이며, 경제의 변화가 역사를 만드는 '동기'의 근본이라는 점을 알게 되었습니다.

유물론의 관점, 변증법의 관점, 경제를 사회의 토대로 보는 관점, 이런 식의 관점을 여러분은 어떻게 보시나요. 서두르지 말고 천천히 생각해 보시기 바랍니다.

동기의 근본

4.
자본주의가 뭐길래

다음으로, 우리가 살고 있는 '자본주의'에 대한 마르크스의 생각을 살펴보겠습니다. 이른바 '경제학'이라 불리는 부분을 중심으로요.

'경제학'의 위상

이번에는 엥겔스가 쓴 《반뒤링론》이라는 책의 내용을 살펴보도록 하겠습니다.

> 다양한 인간 사회가 생산하고 교환하며 그때그때 생산물을 분배해 온 조건과 형태에 대한 과학으로서의 경제학으로 범위를 넓힌 경제학은 이제 처음으로 만들어지는 것이다. 우리가 오

늘날까지 경제학을 통해 다뤄 온 내용은 대부분 자본주의적 생
산 양식의 발생과 발전에 대한 것으로 한정되어 있다.

— 《반뒤링론(상)》, 211~212쪽

'경제학'이라고 하면, 돈을 벌기 위한 학문이나 현실과 동
떨어진 '책상머리 설계도' 같은 것을 떠올릴 사람도 있을지
모릅니다. 확실히 그런 경제학 책도 있으니까요. 하지만 마
르크스 경제학은 실제 존재하는 인간 사회의 모습을 있는 그
대로 밝혀 줍니다. 돈을 벌려면 어떻게 할까 하는 '하우투how-
to' 경제학이 아닐뿐더러 머릿속으로 생각하는 이상적 경제상
을 현실에 무리하게 적용시키려는 관념론적 경제학도 아니
거든요. 위에서 살펴본 유물론적 관점의 경제학입니다.

정치, 문화 등과 같은 인간 사회의 여러 요소 가운데 인간
에게 특히 필요한 음식이나 의복 등이 어떻게 생산되고 사회
구석구석에 전해져 인간 생활이 유지되는지, 그 실제적 구조
를 밝히는 것이 마르크스 경제학입니다.

마르크스는 경제를 해명하는 작업이 인간 사회 전체를 해
명하는 데 가장 기본이라 생각하고 많은 힘을 기울였습니다.

자본주의의 '운동 법칙'을 찾아내다

앞서 인용한 글에서 엥겔스
는 인간 사회에 역사의 여러 단
계와 그에 따른 경제 구조가 존
재하지만, 이를 전체적으로 포
괄하는 경제학이 없었기 때문
에 현재 연구가 진전되어 있는
것은 자본주의에 관한 내용들
뿐이라고 했습니다.

《자본론》제1권 초판 표지

그 자본주의의 중요한 도달점이, 마르크스의《자본론》제1
권이었죠. 이 책의 목적을 마르크스는 다음과 같이 썼습니다.

> 근대 사회의 경제적 운동 법칙을 폭로하는 것이 이 저작의 최
> 종 목적이다.
> -《자본론》제1권, 12쪽 (《과학적 사회주의 고전 선서》판《자본
> 론》은 13권 한 질입니다.)

엥겔스는 자본주의의 '발생과 발전'을 이야기하고, 마르크
스도 '운동 법칙'에 대해 쓰고 있습니다. 이는 마르크스와 엥

겔스의 경제학이, 자본주의 경제학이 어떻게 태어나 발전하고 종말을 맞을 것인지 그 변화의 '과정'을 밝히고 있음을 의미합니다. 이는 앞서 설명한 변증법적 관점과도 밀접한 관련이 있습니다.

여기서 자본주의의 종말은 곧 인류가 멸망해 버리거나 사회가 일대 혼란에 빠지는 것을 의미하지 않습니다. 미래의 인류가 자본주의보다 나은, 좀 더 살기 좋은 다음 단계의 사회로 나아가는 것을 말합니다.

마르크스 경제학에는 가치론이나 잉여가치론 같은 독창적 성과가 잔뜩 있죠. 특히 중요한 것은 마르크스 경제학이 이러한 성과들을 통해 밝혀진 자본주의의 '운동 법칙'을 다루고 있다는 점입니다. 이 부분과 관련해서 적어도 《자본론》의 제1권을 끝까지 통독할 필요가 있습니다. 여러분, 부디 한번 도전해 보세요.

자본주의의 좋은 점,
곤란한 점

이제 자본주의의 내용으로 들어가 볼게요. 자본주의란 고용한 자본가와 고용된 노동자의 관계를 인간관계의 기본으로 하는 경제 사회입니다. 그 경제 활동의 추진력은 자본가

의 돈벌이로 확보되고요. 이 경제는 16세기 유럽에서 '발생'
한 후 19세기 전반 영국의 '산업혁명'을 거치면서 확립되었습
니다.

자본주의의 '운동'에 대해 마르크스는 다음과 같이 썼습니
다.

> 자본주의적 생산의 진정한 한계는 자본 그 자체다. 즉 자본의
> 자기 증식이 생산의 출발점과 종결점, 동기와 목적으로 나타
> 난다는 것이다. 결국 생산은 자본을 위한 생산에 지나지 않으
> 며, 생산 수단은 생산자들의 사회를 위한 생활 과정을 확대·
> 형성해 가는 데 도움이 되는 수단이 아니라는 것… ─ 제9권,
> 426쪽

사람이 살아가는 데 필요한 '생산'이 자본주의에서는 자본
의 돈벌이(자기 증식)를 위해 이루어지는데, 바로 이것이 자
본주의에서 뛰어넘어야 할 벽을 쌓아올리고 있다고 마르크
스는 지적합니다. 생산, 유통, 판매, 모든 분야에 돈벌이가
목표인 자본이 관여하는 것입니다. 또한 그 돈벌이를 위해
여러 궁리가 반복됨으로써 새로운 물건이나 서비스가 만들
어지는 변화와 발전의 에너지를 자본주의가 갖고 있다는 것

이죠.

하지만 목적이 돈벌이다 보니 사회적으로 해를 끼치게 됩니다. 노동자를 저임금이나 '과로사'할 정도의 장시간·과밀 노동, 불안정한 비정규 고용 등으로 몰아넣는 것은 물론, 돈벌이를 위해 불량품을 팔고 복지·의료·교육을 '돈벌이'의 수단으로 전락시키며, 나아가 지구 환경을 파괴하는 등의 문제가 그것입니다. 장시간 노동에 임금이 낮으면 자유로운 시간을 즐길 여유도 없어지죠.

다시 말해 자본주의는 경제를 크게 발전시키지만, 많은 사람들을 힘겨운 삶으로 몰아넣습니다. 그렇기 때문에 마르크스는 자본주의에서 사는 사람들이 자본주의의 좋은 점을 계승하는 한편 사회적으로 문제를 초래하는 면은 극복해 가야 한다고 인류의 미래를 전망한 것입니다.

젊은 여러분은 앞으로 취직을 하게 될 테니 '예비 노동자'입니다. 또, 이미 사회에 진출했지만 일자리를 구하지 못해 고통받고 계신 분들은 이런 자본의 문제가 낳은 피해자이고요.

마르크스라는 사람, 사물을 다루는 스케일이 정말 크지 않습니까? 어떤 문제든 그 전체를 손바닥 위에 올려놓고 역사적 맥락에서 파악하려고 하잖아요. 이 엄청난 스케일이야말로 제가 보는 마르크스의 커다란 매력 중 하나랍니다. 그럼 이제부터 이 '자본주의 다시 만들기'의 즐거움을 알아보겠습니다.

5.
더 나은 세상은 가능해

 '자본주의 다시 만들기'의 절차와 방법이라는 문제를 이야기하는 것이 이른바 '혁명론'입니다.

'혁명 운동'이
뭐지?

 '혁명'이라는 말을 들으면 '당장 자본주의를 때려 부수고, 내일이라도 공산주의를 건설하자'는 류의 용감무쌍(?)한 사고방식을 떠올리는 분도 계실지 모릅니다. 하지만 마르크스의 혁명론은 그런 판타지가 아니에요. 이와 관련해서 그의 《공산당 선언》을 살펴보도록 하겠습니다.

　　공산주의자는 노동자 계급의 눈앞에 있는 목적과 이익을 달성

하기 위해 싸우지만, 현재의 운동과 더불어 그 미래를 대변한다. – 106쪽

마르크스는 공산주의로 불리는 새로운 사회에 가능한 한 빨리 도달하기를 바라는 공산주의자이지만, 여기서는 자본주의라는 구조 안에서 노동자의 '눈앞'에 놓인 투쟁을 이야기하고 있습니다.

이 부분과 관련해서 짚어 두고 싶은 것이, 마르크스는 '다 함께 꿈꾸는 사회를 굳게 믿으면 현실이 바뀐다'는 관념론적 입장에 선 사람이 아니었다는 사실입니다. 자본주의의 '운동 법칙'을 정확하게 파악하지 않으면 사회 개혁을 향한 움직임도 과학적이지 못한 것이 되어 버린다는 입장에서 자본주의 연구에 매진한 사람이죠. 이런 맥락에서 보면 마르크스의 혁명론도 그가 해명한 그 '운동 법칙'과 다름없는 것입니다.

운동 법칙

**자본주의
내부 개혁도 중요해**

그럼 마르크스의 혁명론이란 어떤

것일까요. 제가 특히 중요하게 여기는 것은 《자본론》의 다음
과 같은 사고입니다.

> ① 자본은 사회적으로 강제하지 않으면 노동자의 건강과 수명
> 에 대해 어떤 고려도 하지 않는다. – 제2권, 464쪽

실제로 초기의 자본주의는 많은 과로사를 유발하는 등 자
본의 온갖 횡포로 얼룩져 있었습니다. 하지만 그런 가운데서
도 노동자들은 결국 노동조합을 만들고 자본가들과 싸워 노
동 시간을 제한하는 법률을 쟁취했습니다.

> ② 공장입법(노동시간법), 즉 사회가 그 생산 과정의 자연 발
> 생적인 형태에 가한 최초의 의식적이고 계획적인 반작용은 …
> 대공업大工業의 필연적 산물이다. – 제3권, 828쪽

기계에 의지한 대공업은 자본가들로 하여금 노동 시간을
끝없이 늘리고 싶다는 바람을 갖게 했지만, 결국 노동자들의
투쟁이 이에 대한 '반작용' 또한 이끌어 냈습니다. 마르크스
는 이렇듯 어떤 제약도 받지 않으려는 자본주의 '본연'의 방
만한 모습을 제어하는 과정이 자본주의 발전의 '필연'이라고

파악했습니다. 아울러 그런 필연이 또한 공산주의로의 전환을 준비하는 것으로 귀결되리라고 보았습니다.

③ 공장입법의 일반화는 생산 과정의 물질적 조건 및 사회적 결합과 함께 생산 과정의 자본주의적 형태가 갖는 모순과 적대적 요소들, 그리고 새로운 사회의 형성 요소와 낡은 사회의 변혁 계기를 성숙시킨다. - 제3권, 864쪽

노동자를 지키는 '계획적' 제어가 거듭되면, 자본주의는 제어를 받지 않는 분야에서 돈벌이를 추구할 수밖에 없죠. 이러한 투쟁은 자본의 돈벌이를 목적으로 한 경제의 문제점을 누구나 알기 쉽게 드러내 줍니다.

마르크스는 이런 자본주의의 발전 경로가 자본주의를 넘어선 '새로운 사회(공산주의)'의 성립을 가능케 하는 객관적 조건을 형성하며, 자본주의를 극복하려는 노동자들에게 변혁을 위한 강한 동기를 부여해 준다고 말했습니다.

이렇듯 눈앞에 놓인 노동자들의 이익을 지키기 위한 자본주의적 틀 안에서의 투쟁이 공산주의의 실현을 앞당길 사회 변혁 과정과 연결된다는 것이 마르크스가 보는 혁명론, 자본주의 개혁론의 올바른 방향입니다. 어때요? 혁명에 대해 갖

고 있던 이미지가 좀 달라지지 않나요?

의회를 통해
평화적으로

또 한 가지 제가 강조하고 싶은 것은 이런 경제 · 사회적 개혁을 위해 당연히 정치적 개혁이 필요한데, 마르크스가 이 정치적 개혁을 의회를 통해 평화적으로 이룰 수 있다고 생각했다는 점입니다. '혁명=폭력'이 아니고 말이죠.

이 부분과 관련해서는 역사가 좀 있는데, 《공산당 선언》에서 마르크스가 '강한 힘에 의한 부르주아지의 전복'(68~69쪽)을 주장한 바가 있기는 합니다. 하지만 그것은 선거를 통해 정치를 뒤집는다는 정권 교체의 민주적 규칙이 확립되지 않았던 당대의 환경 때문이었어요.

그 후 유럽 각지에서 정치적 변화가 전개되면서 권력에서 점하는 의회의 역할도 차츰 확대됐죠. 그래서 1848년 독일에서 21세 이상 남녀의 선거권 · 피선거권 부여와 노동자 대표의 의회 참여를 요구하던 마르크스는 1851년 무렵 '보통선거는 영국 노동자 계급에게 정치적 권력과 동일한 의의를 갖는다'는 말을 하기에 이릅니다.

또한 그 이후 선거와 의회를 통한 혁명의 길에 대해 구체적인 탐구를 심화해 갔습니다. 이 과정은 엥겔스의 저작 《다수자 혁명》에서 자세히 언급되는데요. 만년의 엥겔스는 그 경과를 돌아보면서 다음과 같이 말했습니다.

> 보통선거권이 … 유효하게 활용됨과 더불어, 프롤레타리아트의 전혀 새로운 투쟁 방법이 적용되기 시작함에 따라 급속한 발전이 이루어졌다.
>
> 구식旧式의 반란, 즉 1848년까지 최후의 승패를 결정짓던 바리케이드 시가전은 완전히 시대에 동떨어진 것이 되었다.
> – 《프랑스에서의 계급 투쟁》 1895년 판 서문, 《다수자 혁명》에 수록, 256~257쪽

오늘날의 사회는 많은 사람들을 온갖 힘든 상황으로 몰아넣고 있습니다. 하지만 우리가 이를 무조건 참고 견뎌야만 하는 건 아닙니다. 다 함께 힘을 모아 변화를 일으키는 삶의 방식을 택할 수도 있죠. 아무쪼록 이 점을 잘 생각해 보시기 바랍니다.

6.
공산주의 후덜덜

　다음으로 마르크스가 자본주의의 뒤를 이어 도래한다고
했던 '사회주의'라든가 '공산주의' 사회에 대해 생각해 보겠습
니다. 두 가지 명칭이 있기는 하지만, 마르크스에게 있어 '사
회주의'와 '공산주의'는 완전히 동일한 것을 가리킵니다.

공산주의 사회의
이미지

　우선 마르크스의 《자본론》에서 언급된 공산주의 사회의
구조에 대해 살펴보겠습니다.

> 공동의 생산 수단으로 노동하며 자신들의 개인적 노동력을 하
> 나의 사회적 노동력으로 자각적으로 지출하는 자유로운 인간

들의 연합체

– 제1권, 133쪽

여기서 특징적인 것은 '공동의 생산 수단'을 사용한다는 것인데요. 그러한 가운데 자신들의 노동력을 다 같이 모두의 생활을 위해, 누구로부터 강제당하는 것이 아니라 각자의 자발성에 기초해 발휘하는 자유로운 인간들의 '연합체', 그것이 공산주의 사회라는 이야기입니다.

'생산 수단'이라는 것은 공장, 건물, 원자재 등 경제 활동을 할 때 인간의 노동력 외에도 반드시 필요한 것들을 말합니다. 자본주의에서는 이것이 자본가의 소유물로서 '자신의 돈벌이'를 추구하는 자본가의 의지와 경쟁을 이끌어 내고요.

여기서 경제 활동의 목적을 '자본가의 돈벌이'에서 '모두의 생활'로 전환하기 위해서는 생산 수단을 모두(사회)의 것으로 만들어야겠죠. 이러한 변혁을 마르크스는 '생산 수단의 사회화'라고 불렀습니다.

그런 사회가 정말 가능하냐고요? 지난 역사를 돌이켜 보면, 예컨대 일본의 에도 시대와 현대가 많이 다르잖아요. 인간 사회는 노예제에서 봉건제로, 봉건제에서 자본주의로 사회 발전의 단계가 달라질 때마다 그 모습 또한 크게 달라진답니다.

자유 시간의
확대

공산주의 사회에서는 빈부의 격차와 차별이 사라지고, 경제 운영의 계획성이 올라갑니다. 여기에 덧붙여 마르크스는 공산주의가 인간 발달의 가능성 또한 크게 확대시켜 줄 것이라고 강조했습니다.

> 이 (필연성의) 국가의 피안에서 그 자체가 목적으로 간주되는 인간 역량의 발달, 참된 자유의 나라가—그러나 이는 오직 필연성의 나라를 기초로 하여 개화할 수 있다 —시작된다. 노동일의 단축은 그 근본 조건이다.
>
> — 제13권, 1435쪽

마지막 부분에 등장하는 '노동일'이란, 하루의 노동 시간을 말합니다. '근본 조건'인 노동 시간의 '단축'에 의해 '필연성의 나라(살아가기 위해 모두가 일해야 하는 시간)' 위에 '참된 자유의 나라(모두가 자신을 위해 쓸 수 있는 자유 시간)'가 크게 확대됨에 따라 공산주의는 개인의 다양한 발달 가능성을 확대시켜 준다는 것입니다.

꿈같은 이야기처럼 들릴 수도 있겠지만, 저는 이것이 지극히 현실적인 이야기라고 생각합니다. 자본주의적 구조에서도 이미 사회가 노동 시간을 단축하는 방향으로 상당히 진전되어 있기 때문입니다. 이를테면 20세기 초엽 프랑스의 노동 시간은 주 70시간이었지만, 21세기 초엽인 지금은 주 35시간입니다. 이 변화의 원동력이 된 것은 '인간다운 생활'을 위한 노동자들의 투쟁이었습니다.

현재 일본의 하루 노동 시간은 프랑스보다 매일 3시간이나 긴데, 이런 상황에서 프랑스처럼 3시간, 더 나아가 4시간, 다시 5시간이 단축된다고 했을 때(물론 생계가 유지되는 것을 대전제로요) 사람들은 어떻게 자유 시간을 사용할까요. 휴식, 가족이나 친구들과의 대화, 여행, 좋아하는 스포츠나 문화를 즐기는 등 단지 그것만으로도 여러분에게 다양한 가능성이 열리지 않겠습니까?

공산주의로 가는 과정에는 과도기가 존재한다

마르크스는 공산주의란 한번에 '짠' 하고 만들어지는 것이 아니기 때문에, 자본주의와 공산주의 사이에 과도기가 존재한다고 했습니다. '생산 수단의 사회화'도, 모두가 납득할 수 있는 모두를 위한 경영 활동 만들기도 나름대로 모색하거나 공부할 시간이 걸리기 때문입니다. 또한 공산주의 사회 완성의 기준에 대해 마르크스는 다음과 같은 문장을 남겼습니다.

> 현재의 '자본과 토지 소유라는 자연 법칙의 자연 발생적 작용'은, 새로운 조건이 발전하는 긴 과정을 통해 '자유로운 협동 노동의 사회 경제 법칙의 자연 발생적 작용'으로 전환될 수 있다.[1]

모두를 위해 작용하는 의지와 역량이 각자에게 충분할 만큼 축적되어, 누구의 지도도 받지 않고 '자연 발생적으로', 모두가 경제와 사회를 제대로 발전시킬 정도가 되는 시기, 그것이 자본주의에서 공산주의로 '전환되는' 기준점이 된다는 것입니다. 실로 마르크스다운 대담한 통찰이라 하겠습니다.

---

1 《프랑스 내전》 제1초고, 《마르크스·엥겔스 전집》 제17권(저작 · 논문집, 1870년~1872년), 518쪽, 번역문은 후와 데쓰조不破哲三가 옮긴 《마르크스, 엥겔스 혁명론 연구(하)》, 287쪽을 기준으로 합니다.

* *

여러분도 1991년 소련이라는 나라가 붕괴된 것을 알고 계시죠? 소비에트사회주의공화국연방이 정식 국가명인 이 나라는 오랜 기간 우리야말로 사회주의·공산주의의 모범이라고 세계에 어필해 왔습니다. 하지만 그 실태는 소수의 특권층이 경찰력과 군사력으로 국민을 지배하고, 동유럽을 비롯한 주변 국가들에 힘으로 자신의 의견을 관철시키는 말도 안 되는 나라일 뿐이었죠.

그렇다 보니 '공산주의란 소련의 체제를 말하는 것', '그런 나라는 원치 않는다', '마르크스는 소련 같은 나라를 만들려고 했다' 같은 오해가 세계로 확산돼 버린 겁니다. 여러분은 우선 이런 사정을 제대로 파악한 후에 마르크스의 공산주의 사회론을 바르게 이해해 주셨으면 합니다.

7.
도전! 마르크스 읽기

    I장의 마지막에서는 앞으로 여러분이 마르크스를 어떻게 읽으면 좋을지, 그 방법과 마음가짐에 대해 제 나름의 조언을 할까 합니다.

19세기의 마르크스와
21세기의 오늘

    마지막으로 확인해 두고 싶은 점은, 마르크스를 읽는 목적이 '우와, 마르크스 짱!'하며 마르크스에게 감동하는 데 있지 않다는 것입니다.

    그럼 21세기인 오늘, 굳이 19세기의 마르크스를 읽는 것의 의의는 어디서 찾을 수 있을까요? 저는 그것이 노동자들이 고통받고 투쟁했던 당시의 사회에서 변혁을 꿈꾼 마르크스의 진지한 삶의 방식을 피부로 느끼고, 그가 절실한 마음으로 탐구한 학문적 깊이를 제대로 배움으로써 21세기의 현실에서 변혁을 추구하는 기개를 이어받아, 그는 볼 수 없었던 오늘날의 세계를 우리 스스로 분석하기 위한 이론적 가이드라인을 마련하는 데 있다고 생각합니다.

> 우리의 이론은 발전의 이론이며, 그대로 암기해 기계적으로 반복하는 교의가 아닙니다.
> — 엥겔스가 폴렌스 켈레이 위스시니웨트스카이Florence Kelley Wischnewetsky에게 보낸 편지, 1887년 1월 27일, 《마르크스 · 엥겔스 전집》 제36권(서간문집, 1883년~1887년), 525쪽

우리는 단순히 마르크스에 대해 많이 아는 사람이 되려고 마르크스를 읽는 게 아닙니다. 그의 이론을 오늘의 현실에 활용함으로써 '발전'시키기 위해 읽는 거죠. 그렇다면 마르크스의 이론이 뭐든 '올바르다'고 전제해서는 안 되겠죠. 마르크스 자신이 좋아하던 '모든 것을 의심하는' 정신에 따라 21세기의 현실에 비추어 마르크스를 점검해 봐야 할 것입니다. 마르크스에 대해 '내 머리로 생각해야 한다'는 이야기입니다.

어떻게
읽을 것인가

저는 대학교 1학년 때 처음 마르크스를 접했습니다. 선배들의 권유로 《공산당 선언》을 읽었는데요. 거의 아무것도 모르겠더군요. 하지만 뭔가 특별한 게 있을 거라는 직감은 들었습니다. 아무쪼록 여러분도 스터디 그룹을 만들어 보세요. 조금 먼저 공부를 시작한 선배와 함께한다면 더 좋을 겁니다. 그런 학습이 가능한 동아리에 가입하거나 아니면 직접 동아리를 만들어 보는 것도 좋은 방법이겠네요.

또한 집에서, 도서관에서, 카페에서, 전철 안에서 이해가 가는 부분과 잘 가지 않는 부분을 펜으로 밑줄을 그어 표시하며 책을 읽는 등 독자적인 공부 습관을 어떻게든 몸에 배게 해 둬야겠습니다. 마르크스와의 일대일 격투를 통해 조금이나마 스스로 생각하는 힘을 기르는, 고통스러우면서도 즐거운 시간을 경험해 보세요.

공부를 심화하기 위해서는 무엇보다 어느 정도의 양을 소화할 필요가 있습니다. 학창 시절 제 선배 중에는 작은 방의 벽을 온통 책장으로 두른 것도 모자라 장판에까지 책을 쌓아 둔 탓에 방바닥이 꺼질까 걱정한 집주인이 서고로 쓰라며 또 하나의 방을 그냥 빌려준 경우가 있었습니다. 결코 넉넉한

처지는 아니었지만, 아르바이트비를 받으면 제일 먼저 책부터 샀던 거죠.

바쁜 와중에 많은 책을 읽기 위해서는 스피드가 필수고, 독서 시간 안배를 위한 스케줄 관리에도 신경 써야 합니다. 자투리 시간을 활용하는 것도 중요하고요. 바쁜 사람일수록 공부를 열심히 한다고들 하는데, 이런 노력을 착실하게 해 온 경우겠죠.

다른 한편으로, 배움이라는 건 꼭 책을 통해서만 이루어지는 것이 아닙니다. 실제적인 체험이 중요해요. 특히 중요한 것은 사회를 개혁하는 일에 직접 참여해 보는 일입니다. 밖에서만 봐서는 알 수 없는 사회의 구조나 움직임을 직접 목도할 수가 있거든요. 그 과정에서 마르크스가 이런 일들을 어떻게 분석했을지 생각해 본다면 책상 앞에서 한 공부와 상호 작용이 일어날 겁니다.

또한 아무쪼록 책은 '읽을 수 있는 것'뿐만 아니라 '읽고 싶은 것'을 늘 주변에 놓아두시기 바랍니다. 그런 마음을 키우는 것이야말로 성장에 크나큰 도움이 되거든요.

그런 맥락에서 권해 드릴 만한 책으로는, 이 장에서도 재차 언급했습니다만 신일본출판사가 출판한 《과학적 사회주의 고전 선서》 시리즈가 있습니다.

마르크스와 엥겔스의 저작만 해도《영국 노동자 계급의 상태》,《독일 이데올로기》,《공산당 선언 / 공산주의의 제원리》,《정치경제학 비판 서문》,《임노동과 자본 / 임금 · 가격 및 이윤》,《〈자본론〉 강요 / 〈자본론〉 서평》,《고타 강령 비판》,《에르푸르트 강령 비판》,《자연 변증법》,《반뒤링론(상 · 하)》,《공상에서 과학으로》,《가족 · 사유 재산 · 국가의 기원》,《포이에르바하론》,《인터내셔널》,《다수자 혁명》 등 너무나 많죠. (그 외 레닌의 저작들도 있고요.)

또한 같은 출판사에서 나온《자본론》의 경우, 어떻게든 늘 가까이 두시는 게 좋습니다. 마르크스 저작의 핵심 중 핵심이니까요.

이후의 독서를 위한 일종의 안내서로는 후와 데쓰조가 쓴《고전에의 초대(상 · 중 · 하)》,《마르크스, 엥겔스 혁명론 연구(상 · 하)》,《〈자본론〉 전 3권을 읽다(전 7권)》 등이 있습니다. 꼭 읽어 보시기 바랍니다.

위에서 언급한 책들을 읽기 전에 기초적인 소양을 쌓고 싶다면, 카모가와 _{かもがわ}출판에서 나온 카도이 후미오^{門井}

읽어 봐요

文雄·카미야 코우세츠紙屋高雪의《이론극화, 마르크스 자본론》이나 헤이본샤平凡社신서에서 나온 후와 데쓰조의《마르크스는 살아 있다》, 그리고 저와 우치다 타츠루가 함께 쓴《청년이여, 마르크스를 읽자》(카모가와 출판) 등이 접하기도 쉽고, 읽기도 그리 어렵지 않을 것이라 생각합니다.

여러분, 열심히 마르크스에 도전해 보세요. 그래서 오늘을 살아내는 데 필요한 지침과 자신을 얻길 바랍니다. 저 같은 아저씨 세대를 밀어낼 젊은 이론가의 등장을 진심으로 기대하고 있습니다.

나의 학창 시절 추억

불안한 마음에 서점으로

매년 4월, 새로 입학해 지도 학생으로 들어오는 친구들과 만나는 자리가 있습니다. 왜 이 대학에 들어왔는지, 왜 지도 교수로 저를 선택했는지에 대해 들으면서 정말 여러 가지를 생각했구나 싶어 늘 감동하곤 하죠.

저는 1957년 생으로, 홋카이도 삿포로 출신입니다. 고등학교 시절에는 어떻게 살아야 할지에 대해 아무 생각이 없었어요. 사회나 정치에 대해서는 물론 어떤 정당이 있는지조차 모를 정도였습니다.

대학을 선택할 때도 그저 제 실력으로 들어갈 수 있을 정도이면서 학비가 싸다는 이유로 교토의 리츠메이칸대학에 지원했습니다. 리츠메이칸은 당시 입학금 7만 엔에 수업료는 연 10만 엔이었어요.

거기서도 가장 들어가기 수월했던 산업사회학부에 그나마도 보결로 얻어걸렸는데, 그렇다 보니 대학 수업을 따라갈 수 있을까 불안한 마음이 들더라고요. 그래서 일단 가까운 서점에 가 보기로 한 겁니다.

그랬는데 마침 거기 제가 입학한 산업사회학부 선생님이 쓰신 《마르크스주의와 산업 사회론》(신일본출판사)이라는 책이 있었어요. 선생님 성함이 야마구치 마사유키山口正之인데, '이거다' 싶어 사서 읽어 봤죠. 제목에 있는 '마르크스주의'라는 말이 뭔지 전혀 모르는 상태에서요. 결국 거의 아무것도 이해하지 못했는데, 딱 한 가지 인상에 남은 것이 '레닌이라는 위인이 있었다'는 말이었습니다.

그래서 다음에는 레닌이라는 이름을 기억했다가 관련된 책을 찾아봤습니다. 그래서 찾아낸 것이 하야시 나오미치林直道 씨의 《경제학(하)》(신일본출판사)였어요. 레닌이 쓴 《제국주의론》을 해설해 놓은 책이었죠. 이어서 '하권을 읽었으니 이번에는 상권을 읽어 보자'는 생각으로 가네코 하루오金子ハルオ 씨가 쓴 《경제학(상)》(신일본출판사)을 선택했습니다. 이 책을 아마 입학식 날까지 읽었던 것 같아요. 지금 생각하면 그리운 추억입니다.

그 후 전공 공부보다 학생 운동을 더 열심히 하게 되어 학생

자치회 위원장 등도 맡았습니다. 수업에 나가지 않으니 학점이 좋지 않은 데다 집으로부터의 송금이 중단되고 건강까지 나빠져 학교를 그만두었다가 결국 나중에 같은 학교 2부 경제학부로 편입해서 대학을 졸업했어요. 여러 가지 일이 있었지만, 이후 교토대학 대학원을 거쳐 지금은 고베여학원대학의 교원을 하고 있고요.

저는 경제학자이지만 대학에서 '위안부' 문제와 젠더 문제를 다루거나 《게이자이》라는 잡지에 인구 문제에 관한 논문을 집필하는 등 나름 폭넓은 활동을 하고 있습니다. '전문 분야가 뭐냐?'는 질문을 받게 될 때가 있는데, 그럴 때마다 '마르크스주의(과학적 사회주의)'라고 강한 어조로 답하곤 합니다.

배우는 주체는 어디까지나 학생

학창 시절을 돌아보며 저는 대학생의 공부란 기본적으로 스스로 하는 거라고 생각하게 됩니다. 자신의 배움을 수업 내용에 억지로 끼워 맞출 필요도, 대학의 커리큘럼대로 성장해야 할 이유도 없어요. 배움의 주체는 어디까지나 자신이니까요.

수업에서 가르치는 내용은 거기서 배우면 되고, 수업을 통해 배울 수 없는 내용은 스스로 공부하면 됩니다. 동아리에 들어가 공부하거나 강연회에 참석하는 등 스스로 결정해서 행동하는 거죠. 무엇보다 그런 자세가 중요합니다.

자신이 그런 주체로 성장한다면 공부할 주제를 스스로 정하는 즐거움을 맛볼 수 있습니다. 어떤 책을 통해 배운, 혹은 재미있다고 느낀 내용을 그 연장선상에서 심화시키는 즐거움도 경험할 수 있어요. 그러다 보면 다음에 읽을 책들이나 읽어야 할 책들도 줄줄이 나타나게 될 겁니다. 그런 흐름을 타는 건 무척 즐거운 일이에요.

대학에 입학했을 무렵 제가 맨 처음 이런 식으로 맛본 즐거움의 예가, 앞서 언급한 《마르크스주의와 산업 사회론》을 계기로 이어진 몇 권의 독서였습니다. 주제를 선택하는 데 있어서는 무엇보다 본인의 자발적 욕구와 직감을 중요시해야겠습니다.

스스로 배움의 주체가 되려면 실은 풋워크가 가벼워야 해요. 학부·학과에 상관없이 여러 선생님들의 수업을 들어 본다든지, 경우에 따라서는 쉽지 않을 수도 있지만 다른 학교 수업을 청강하거나 더 나아가 대학 이외의 장소에서 진행되는 강연회 등에 적극적으로 참여해 보는 거죠. 또, 마음 맞는 친구들끼리 독서 모임을 만들어 봐도 좋겠습니다. 아르바이트 때문에 바쁘다 보니 서로 시간이 잘 안 맞을 수도 있겠지만, 요즘에는 메신저나 SNS 같은 매체도 있으니 이를 통해 논의를 진행하는 것도 하나의 방법이겠습니다.

학습 스케줄도 중요합니다. 특히 학창 시절에는 이를테면 '한 해에 책장 하나 분량의 책을 사자.' 대략 이런 구체적인 목표를 잡아 보셨으면 합니다. 그 정도의 책을 읽으려면 열독이나 띄엄 띄엄 읽기, '단락의 첫 번째 행만 읽기' 등 책 읽는 방법과 관련한 다양한 요령이 필수적이죠.

아울러 '지금의 내가 읽을 수 있는 책'뿐만 아니라 '장래 읽을 수 있게 될 만한 책'을 빨리 입수해 두는 것도 중요합니다. 때때로 그런 책을 손에 넣는 일 자체가 배움에 대한 의욕을 향상시키고 자신의 지적 성장을 확인하는 수단이 되기도 하니까요.

삶의 방식을 모색하고, 넓은 시야 갖기

사회 과학 공부의 큰 의의 중 하나는 그것이 삶의 방식을 모색하는 일이라는 점입니다. 젊은 시절에는 어떻게 살아야 할지 이리저리 헤매면서 고민하는 경우가 많기 때문에 특히 이런 역할은 중요합니다.

지금의 일본에는 겨울날 추위 때문에 목숨을 잃는 홈리스 분들이나 생활 보호도 받지 못한 채 '오니기리가 먹고 싶다'는 말을 남기고 숨을 거두는 어려운 분들이 계십니다. 슬프게도 불합리한 일이 너무나 많아요.

그런 일들에 대해 듣는다면 누구라도 뭔가 할 일이 없을까 생각할 겁니다. 하지만 나 한사람만의 힘으로는 한계가 있기 때문에 무엇을 어떻게 해야 좋을지 모르는 경우도 적지 않죠. 물론 자기 자신의 즐거움도 소중하고 미래의 행복을 열어가는 일도 중요하지만요.

이런 여러 가지 생각이 조화를 이룰 수 있게 해야 합니다. '나 자신의 행복'과 '타인의 행복' 또는 '사회적 행복'이 겹쳐지려면 어떻게 해야 하느냐는 문제인데요. 마르크스를 포함한 사회 과학 공부의 큰 의의 중 하나는 이러한 문제를 연구해 밝히는 데 있다고 생각합니다.

또한 마르크스를 학습하는 것은 어떤 분야를 공부하든 넓은 배경지식을 만드는 일과 연결됩니다. 마르크스의 사상은 인간 사회의 구조와 역사의 일부뿐만 아니라 그 전체를 다루는 넓은 시야를 갖고 있기 때문입니다.

이런 학문적 야심이, 예를 들어 《자본론》을 보면 아주 잘 나타나 있습니다. 이 책에는 철학, 경제학, 역사학, 정치학, 농학, 인간론, 노동론, 환경론, 기계론, 가족론 등 자본주의를 이해하는 데 필요한 온갖 학문적 시각과 성과가 동원되어 있습니다. 그렇게 해서 어떻게든 전체적 맥락을 잡아내려는 것입니다.

마르크스의 사상을 공부해 두면 대학에서 배우는 학문을 더욱 폭넓게, 전체적 차원에서 이해할 수 있습니다. 물론 마르크스가 다루지 않은 문제와 영역도 있겠지만, 설사 그렇다 하더라도 최소한 그것이 어떤 의미에서 새로운 문제와 영역인지 생각해 볼 수 있는 기준은 되어 줄 것입니다.

또 하나, 마르크스가 자본주의 사회를 역사 속에서 결코 영원하지 않은, 일시적 존재라고 확신했다는 점도 중요합니다. 이를테면 근대 경제학에서는 시장을 당연히 주어진 전제로 보는 경우가 많지만, 사실 시장에서 화폐가 사용되기 시작한 것은 일본으로 치면 무로마치室町 시대[2] 무렵부터였습니다. 현재 우리 눈앞에 있는 사회 구조도 그처럼 어느 역사적 단계에서 어떤 역사적 이유로 인해 탄생한 것이기에 그 역사적 존재 이유를 잃는다면 언제든 역사 속으로 사라질 가능성이 있습니다.

마르크스를 공부하면 그렇듯 거대한 역사적 시야 가운데 자신이 공부하는 분야의 연구 대상을 위치시키는 일이 가능해집니다. 자연 과학을 포함해 어떤 영역의 학문이더라도 인간 사회나 생활과 무관할 수는 없거든요. 그렇기 때문에 마르크스를 공부하면 여러분의 공부를 심화시키는 데 여러 방면에서 도움이 될 것입니다.

---

2 1336년~1573년 무로마치 막부室町幕府가 일본을 통치하던 시기. (-옮긴이)

Ⅱ.
마르크스 알기 –
삶의 방식, 이론

Ⅰ장에서는 마르크스의 사상과 생애를 지극히 간략하게 소개했습니다. Ⅱ장은 '그 정도로는 부족하다', '좀 더 알고 싶다'고 생각하시는 분들을 위해 준비해 보았는데요. 살짝 어려운 이야기가 나올지도 모르지만, 그런 부분은 그냥 슬쩍 넘어가셔도 괜찮아요. 내용 중에 더러 Ⅰ장과 겹치는 인용 등도 등장할 텐데, 해설을 첨가하거나 각도를 바꾸어 이야기하는 경우가 많으니 재차 읽어 보시면 이해를 심화시킬 수 있을 거라 생각합니다.

읽는 대상을 대학생으로 가정하고 쓴 글이라 '대학생 여러분'이라는 말도 등장할 겁니다. 그렇지만 '젊은 대학생' 여러분뿐만 아니라 '예전에 젊었던' 여러분이나 '대학 진학을 하지 않은' 여러분도 읽으실 수 있어요. 조금 연배가 있으신 분들의 경우라면 '다시 대학생이 된 기분으로' 읽어 보실 수 있고요. 한마디로 이것저것 크게 신경 쓰지 말고 읽으면 된다는 이야기입니다. 자, 그럼 이제부터 시작해 볼까요?

어른으로 도약하는 시기와
그때 배워야 할 것

우선 대학 시절이란 어떤 시기인지 이야기한 후에 마르크스 이야기를 해 보도록 하겠습니다.

대학 시절은 아이가 어른으로 도약하기 위한 마지막 단계에 해당합니다. 저는 대학 교수로서 그간 많은 학생들을 봐 왔는데, 대체로 입학할 당시에는 경제적으로 부모나 어른들에게 의존하고 있다는 점에서 '아이'인 경우가 많았습니다. 자립해 있는 것처럼 보이더라도 경제적인 의존은 결국 정신적인 면에도 영향을 미치니까요.

그러나 대학을 마치고 졸업하는 순간 경제적 자립이 완료되면서 그것이 정신적으로도 상당한 자립을 진행시키는 큰 힘으로 작용합니다. 대학에 입학해 들어갔다가 졸업하고 나오는

사이 이런 도약이 이루어지는 건데요. 그런 면에서 대학의 교직원이란 가능한 한 이 일에 도움을 주어야 하는 사람들이라 하겠습니다.

다만, 요즘 같은 경제 상황에서는 일자리를 얻어 자립할수 있을지의 여부가 개인의 노력뿐만 아니라 사회적 형편에 의해서도 많은 영향을 받죠. 특히 최근에는 상황이 무척 나쁘기도 하고요. 그러니 무턱대고 '자기 책임'론에 빠지지 말고, 씩씩하게 지냈으면 합니다.

어른으로 성장하기 위해서는 지금 내 생활 방식과 장래 어떤 어른으로 성장할지를 연계시킬 전망이 필요합니다. '당장만 좋으면 된다'는 사고방식으로는 자신을 성장시킬 수 없어요. 또한 삶의 방식을 생각한다는 것은 이 사회에서의 삶의 방식을 생각하는 것이므로, 궁극적으로 '나는 사회의 어떤 부분을 담당할 것인가', '그렇게 하기 위해 어떤 역량을 기를 것인가' 같은 물음으로 이어져야 합니다.

나이 스물이 넘어 성인식을 한다고 갑자기 성숙해지는 건 아니죠. 그저 '신출내기 어른'이 되었을 뿐이니까요. 그러니 성장의 길이 젊은 시기에 마무리될 거라는 생각은 할 필요도 없습니다. 인간이란 서른 살, 마흔 살, 쉰 살, 거듭 나이를 먹으며 그에 걸맞은 노력을 통해 성숙하는 거니까요. 그런

넓은 시야로 지금의 나를 바라보면서 앞으로 할 노력의 방향을 설정했으면 합니다.

대학 시절이란 단지 4년간 학점을 취득하고 졸업장을 받는 것으로 끝나지 않습니다. 오히려 이는 부차적 결과일 뿐 그 본질은 아이에서 어른으로 도약하는 데 있고, 학생 시절은 이러한 배움이나 체험, 논의, 시행착오 등을 거듭하는 시간입니다. 부디 '한 사람의 제대로 된 어른으로 성장해야 한다'는 점을 자각하고, 자신을 키워 갈 준비를 하시기 바랍니다.

이런 과제를 달성해야 하기에 학생 시절의 본업은 배움인 것이고, 그를 위한 시간도 주어지는 것입니다. 고등학교를 졸업하자마자 일을 시작하는 이들과 다른 조건이죠.

물론 아르바이트로 바쁘고, 통학에도 시간이 걸리며, 학생회 활동이나 이런저런 일들로 정신없이 지낼 수도 있어요. 제 학창 시절도 그랬고요. 그런데 막상 사회에 나와 보면, 안타깝게도 훨씬 더 바쁘답니다. 서러울 정도로 노동 시간이 길고, 출퇴근하는 것만도 큰일이죠. 그렇다 보니 제 지도 학생들도 오랜만에 만나면 '학교 다닐 때 좀 더 공부를 할 걸 그랬다'는 말들을 많이 합니다. 막상 졸업해 보지 않으면 실감할 수 없을지도 모르지만요.

여하튼 그런 배움의 시간을 어른으로 성장·도약하기 위

해 활용한다는 것이 대학 시절의 큰 특징이라 하겠습니다.

그럼 무엇을 공부해야 할까요. 첫 번째로, 이 사회에서 어떻게 살아갈 것인지 생각하기 위해 사회 자체를 알 필요가 있습니다. '이런 사회니까 나는 이렇게 살아야겠다'는 나름의 전망을 마련하는 공부 말이죠. '내가 살아가는 사회는 이런 좋은 점도 있지만, 이런 나쁜 점도 있다'는 것을 파악하고, 다시 '그 나쁜 점은 이렇게 구성되어 있다'는 식으로, 표면에 그치지 않고 구조적인 부분까지 살펴볼 수 있다면 '그러니까 이렇게 살자'는 자신감 또한 강해질 겁니다.

두 번째로, 사회와 자신의 관계에 대해 공부해야 합니다. '사회와 나는 관계없어'라든가 '나 혼자 살아갈 거야' 같은 생각을 가진 사람도 있을지 모르지만, 현실은 이런 생각을 용납하지 않아요. 실제로 여러분은 졸업을 해도 일자리가 없는 사회적 현실과 동떨어져 살아갈 수 없습니다. 취업난이라는 현실에 맞닥뜨릴 수밖에 없어요.

이런 상황에서 '보다 풍요롭게 살고 싶다', '더 즐겁게 지냈으면 좋겠다'는 바람을 실현하기 위해서는 자신의 마음가짐 뿐만 아니라 자신을 둘러싼 사회적 현실을 바꿀 수밖에 없습니다. 그럼 어떤 방향으로 어떻게 사회를 바꿔야 할까요. 이 질문에 대한 해답을 찾지 못하면 스스로의 인생에 자신을 가질 수 없을 겁니다.

　세 번째로 필요한 것이 '나의 성장은 젊은 시절에 그치지 않는다', '사회에 나가서도 무럭무럭 커 나갈 것'이라는, 스스로의 역량에 대한 명확한 자신과 전망을 갖기 위한 공부입니다. 어쩌면 지금까지의 좋지 못한 경험 등으로 인해 '나는 아무것도 할 수 없다'는 생각에 빠져 좀처럼 스스로를 긍정하기 힘든 사람도 있을지 모릅니다. 하지만 젊은 여러분에게는 앞으로도 무한한 성장과 변화의 기회가 있습니다. 이 점을 인식하고 자신을 갖기 위한 공부를 할 필요가 있습니다.

　이상 세 가지 과제를 소개해 보았는데요. 이는 여러분이 입학한 학부나 학과에 관계없이 공부해야 할 것들입니다. 이를테면 경제학부라든가 공학부처럼 대학에서의 전공 분야야 나뉘어 있겠지만, 그런 것들과 별개로 4년이라는 대학 시절 동안 어른으로 도약하는 데 필요한 공부의 중심을 잡아 둬야 하니까요. 이른바 자신을 만들어 나가기 위한 커리큘럼이라 하겠습니다.

　이 세 가지를 생각하는 데 최적의 제재題材라고 할 수 있는 것이 마르크스의 사상과 삶의 방식입니다. 그 이유는 지금부터 이야기하겠습니다.

1.
왕초보의 마르크스 입문

카를 마르크스가 도대체 어떤 사람인지 간단히 설명하겠습니다. 마르크스는 제가 학생이던 30년쯤 전에는 어떤 학생이나 아는 슈퍼 스타였어요. 1818년에 태어나 1883년에 죽었죠.

혁명가

마르크스를 한마디로 특징짓자면 혁명가입니다. 혁명이라고 하면 무조건 '무섭다'고 생각할지도 모르겠습니다. 폭력이나 사회 혼란 같은 이미지가 겹쳐 떠오르는 분도 계실 거고요. 하지만 마르크스는 많은 이들의 합의에 근거해 가능한 한 평화적으로 사회 구조를 바꾸려 했던 사람입니다.

동시에 마르크스는 사회 구조를 바꾸기 위해서는 그 사회의 성질을 철저하게 파악해야 하고, 그렇지 못할 경우 혁명이 불가능하다고 생각했습니다. 그런 의미에서 보면 마르크스는 철저한 과학자이기도 했어요. 이는 병을 고치는 의사가 인체 구조를 연구하는 것과 비슷한 원리라 하겠습니다.

사실 요즘 같은 취업난에서라면 누구라도 만족스러운 생활을 하기가 힘들죠. 심하면 인간으로서의 존엄마저 지키지 못하는 경우도 있고요. 마르크스는 이런 상황에서 단순히 현실에 대한 분노를 폭발시키는 데 그치지 않고 그런 현실이 언제부터, 어떤 이유에서 기인했는지 철저히 규명해 치료 방법을 찾아내는 사람이었습니다.

그런 의미에서 마르크스는 혁명가이지만, 사회 구조를 철저히 연구하는 과학자이기도 했던 거죠. 마르크스에게 있어이 두 가지는 하나였습니다. 과학에 근거하지 않은 혁명은 공상에 불과하며, 사람들의 생활을 개선하는 방향으로 이어지지 않는 과학의 연구는 의미가 없다고 생각한 거죠. 마르크스는 이런 생각에 기초해 과학적 사회주의—과학적 마르크스주의라고도 합니다만—라는 학설을 만든 것입니다.

다면적이고도
통일적인 학설을 만들다

마르크스가 기초한 학설은 세계관, 경제 이론(특히 자본주의 경제 이론), 자본주의 사회 이후 나타나게 될 미래 사회(사회주의·공산주의 사회)론, 그리고 그러한 미래 사회로 이르는 과정을 설명하는 혁명 운동론과 사회 개혁 운동론 등으로 구성됩니다.

이는 마르크스가 젊은 시절 전체상을 완성하여 그에 따라 마무리한 것이 아닙니다. 사회를 변화시키는 움직임 가운데 여러 문제를 해결해 나가야 한다는 필요에 집중하면서 학문적 연구 성과를 쌓아 올린 거죠. 그 결과 이런 구성과 체계가 잡힌 겁니다.

이런 발전 방식에 기초하고 있는 까닭에 위에서 언급한 마르크스의 학설을 구성하는 네 가지 요소란 영구불변하지 않습니다. 그러니 인류는 앞으로도 해결해야 할 문제에 직면할 때마다 이를 해결하기 위한 변혁의 이론으로 마르크스의 학설을 더욱 풍요롭게 만들어 가겠죠.

또한 이 네 가지 요소는 각각 독립된 부분으로 존재하는 게 아니라 서로 유기적으로 결합되어 영향을 미치는 구조입니다. 수박 겉 핥기 식 이해를 용납하지 않는 밀접한 상호 관계가 존재하는 거죠. 마르크스의 학설은 이 네 가지 요소가 통일됨으로써 성립한다는 특징이 있습니다. 서로 나누거나 떼어 놓을 수 없어요.

인류 역사의 한 단계로서의 자본주의

이런 학설을 통해 마르크스가 도달한 견해는 '자본주의도 사회 발전의 한 단계이며, 다음 단계의 사회에 자리를 내어 줄 것이다. 그러한 이행을 담당하는 것은 자본주의 내부에서 성장한 노동 계급'이라는 말로 요약할 수 있습니다. 이를테면 에도 시대로 대표되는 봉건제 사회에 시작과 끝이 있었듯이 자본주의 사회도 마찬가지일 거란 이야기죠. 인간 사회가 자본주의로 끝나지 않고 더 진화하고 성숙된 사회로 변해 갈 것이라는. 다만 이를 위해서는 개혁을 요구하는 사람들의 열의와 노력이 필요하고, 그런 노력을 중심에서 담당할 사람들이 노동자 계급이라는 말입니다.

노동자라고 하면 일단 근육이 울퉁불퉁한 육체 노동자들을 연상하는 사람도 있겠지만, 마르크스가 말하는 노동자란 누군가에게 고용되어 일하는 모든 이들을 가리킵니다. 그런 의미에서 앞으로 취직하게 될 대학생 여러분들도 마르크스

식으로 말하면 다들 노동자 계급의 일원이 되는 거예요.

엥겔스와
레닌

이쯤에서 프리드리히 엥겔스와 블라디미르 일리치 레닌 Vladimir Il'ich Lenin을 소개하겠습니다. 이 책에선 두 사람이 조연이 지만, 과학적 사회주의 학설의 발전과 운동의 진전에 크나큰 역할을 한 사람들입니다.

엥겔스는 젊은 시절부터 마르크스와 공동 연구를 하고 함 께 운동도 했던 동료입니다. 1820년생으로 마르크스보다 두 살 연하였어요. 1895년 사망했으니 마르크스가 세상을 떠난 후 얼마 동안은 홀로 혁명가이자 연구자로서 활약한 겁니다.

마르크스의 저서라면 우리는 보통 《자본론》을 이야기하지 만, 사실 세 권짜리 《자본론》 중 마르크스가 직접 마무리한 건 제1권뿐이에요. 제2권과 제3권은 마르크스가 남긴 방대 한 원고 더미 가운데 엥겔스가 관련 부분을 찾아내고 '마르 크스의 뜻에 따라 정리한다면 이렇겠지'하며 엮어 낸 것입니 다. 《공상에서 과학으로》, 《포이에르바하론》처럼 엥겔스 자 신이 쓴 뛰어난 저작들도 많고요.

다른 한 사람인 레닌은 1870년에 태어나 1924년에 죽었습

프리드리히 엥겔스 Friedrich Engels

블라디미르 일리치 레닌 Vladimir Il'ich Lenin

니다. 혁명가로 활동하던 젊은 시절 엥겔스의 부고를 접하고 낙담한 경험이 있는 세대죠. 1919년 러시아 혁명을 통해 사회주의를 지향하는 정권을 역사상 처음으로 수립한 지도자이기도 합니다.

몇 가지 오해를 하긴 했어도, 마르크스와 엥겔스에게 많은 것을 배워 여러 분야에서 새로운 이론적 해명을 진행했습니다. 20세기를 대표하는 혁명가입니다.

2.
마르크스, 이렇게 살았군요

나폴레옹 전쟁과
빈 회의

다음으로 마르크스가 여러분처럼 젊었을 때 어떻게 살았는지 살펴보겠습니다. 우선 시대적 배경을 보면, 마르크스가 태어나기 3년 전인 1815년 빈 회의가 열렸어요. 전쟁에서 프랑스의 나폴레옹 보나파르트를 물리친 전승국들(오스트리아, 러시아, 프로이센, 영국, 로마 교황령 등)이 유럽에서 프랑스 혁명의 영향을 배제하려는 목적으로 개최한 회의입니다.

프랑스 혁명은 마르크스가 태어나기 30년쯤 전인 1789년에 일어났습니다. 이미 역사에서 배운 분들도 많겠죠. '자유 · 평등 · 박애'라는 슬로건을 부르짖으며 당시까지 지속되던 봉건 왕조 시대로부터 자본주의 시대로 정치 양상을 바꾸려 시도한 혁명이었습니다.

하지만 실제로 이 '자유·평등·박애'에는 많은 제한이 존재했습니다. 여성, 유색 인종, 장애인, 그리고 빈민의 인권을 인정하지 않았거든요. 초기에는 백인에 부자인 신체 건강한 남성, 즉 특권층의 인권만을 이야기했습니다. 그랬던 것이 이후 인권과 민주주의를 인류사에 뿌리내리는 최초의 충격으로 작용한 것입니다.

혁명 이후 프랑스에는 공화제, 다시 말해 소수이긴 했지만 국민이 투표로 자신들의 대표를 뽑아 정치가 이루어지게 하는 체제가 들어섰습니다. 나폴레옹은 이를 유럽에 전파하겠다는 생각으로 1803년 전쟁을 시작합니다. 이른바 혁명의 수출을 위한 침략 전쟁이었는데, 이 전쟁에서 프랑스를 꺾는 데 큰 역할을 한 것이 러시아와 영국이었습니다. 유럽을 동서로 양분하는 군사 대국이었죠.

그리고 승전국들이 나폴레옹 이후의 유럽을 어떻게 재편할지 논의하기 위해 개최한 것이 빈 회의입니다. 그 결과는 낡은 체제인 군주제의 부활이었어요. 실제 프랑스에서도 부르봉 왕조가 부활합니다. 시대가 봉건제에서 자본주의로 이행하는 거대한 전환기로 돌입하긴 했지만, 이렇듯 지그재그로 길이 이어진 겁니다.

다만 프랑스 혁명의 사상적 영향은 나폴레옹 전쟁에 의해 많은 지역으로 확산됐습니다. 이는 마르크스가 나고 자란 프로이센의 라인 주에도 강한 영향을 미쳤죠.

17세 마르크스의 인생관

나폴레옹 전쟁 무렵 독일은 통일 국가가 아니라 프로이센, 오스트리아 등 군주제 소국가들이 서로 갈라져 있는 상황이었습니다. 그러다 빈 회의에서 38개국으로 이루어진 '독일 연방' 창설이 결정됩니다(이후 다시 39개국이 되지만). 이로 인해 오스트리아는 '독일 연방'의 일원인 동시에 연방 밖에 존재하던 헝가리 등의 지배자이기도 한 복잡한 입장이 되었습니다.

같은 시기 영국은 산업 혁명을 통해 자본주의 경제를 확립한 후 곳곳으로 식민지를 넓히며 세계 시장에 군림했습니다. 프랑스는 전쟁에는 패했지만 경제적으로는 통일되어 자본주의 발전의 계기를 이미 마련한 상태였고요. 하지만 독일은 39개 군주 국가의 연합체로 나라마다 관세가 존재하고 경제 구조도 다른 까닭에 자본주의의 발전이 한참 뒤떨어져 있었습니다.

그래서 마르크스가 태어날 무렵 독일에선 전제 군주제 타파와 더불어 근대적인 통일 국가 형성이 역사 발전의 큰 과제로 부상해 있었습니다. 그런 시대에 젊은 마르크스는 어떻게 살았을까요. 앞서 말했듯이 마르크스가 프로이센의 라인주에서 태어난 것은 빈 회의가 있은 지 3년 후의 일이었습니다. 또한 그곳은 프랑스 혁명의 영향을 특히 강하게 받은 지역 중 하나였습니다.

Ⅰ장에서도 소개했지만, 이런 시대적 배경에서 17세의 마르크스는 김나지움Gymnasium(지금의 일본으로 치면 고등학교 수준의 교육 기관입니다) 졸업 작문의 하나로 〈직업 선택을 앞둔 한 젊은이의 고찰〉(1835년)이라는 글을 씁니다.

> 지위의 선택에 즈음하여 우리가 주요한 기준으로 삼아야 할 것은, 인류의 행복과 우리 자신의 완성이다 … 인간의 본성이란 그가 자신과 동시대 사람들의 완성을 위해, 그 사람들의 행복을 위해 일할 때만이 자신의 완성을 달성할 수 있게 되어 있다. ─《마르크스·엥겔스 전집》제40권, 519쪽

여기서 '지위'란 신분이 아니라 직업을 말하는 것입니다. 즉 직업을 선택하는 데 있어 나만 좋으면 그만이라는 생각은 좋지 않다. 자신의 인간적인 완성을 위해서는 타자를 배려

하고 주변 사람들까지 행복해질 수 있는 방향에 맞추어 일해야 한다는 사고방식인 것입니다. 좁은 의미에서의 개인주의와는 전혀 다른, '인간의 행복'과 '자신의 완성'을 같은 방향에 맞추는 인간관인데요. 이것이 17세 마르크스의 판단이었습니다.

대학, 박사 학위, 저널리즘의 길

그 후 마르크스는 본^{Bonn}대학, 베를린대학에서 법학과 철학을 배웁니다. 이전에는 다른 젊은이들처럼 술을 잔뜩 마시고 실수를 했던 경험도 있었죠. 베를린대학에서는 청년 헤겔파(헤겔 좌파)라 불리던 그룹에 들어갔습니다. 이곳은 대학의 정규 커리큘럼과 관계없이 마음 맞는 교원과 학생들이 자유롭게 모여 논의를 진행하는 그룹이었는데, 여기서 마르크스는 개혁 사상과 정치에 대해 자주 논했습니다.

22세에 베를린대학을 졸업하고, 예나대학에 〈데모크리토스와 에피쿠로스 자연 철학의 차이〉라는 논문을 제출, 철학 박사 학위를 취득합니다. 그리고 대학에 자리를 얻으려 했지만, 당시 독일의 정세는 세상을 바꾸려는 진보적인 사람들에게 차갑기 그지없었어요. 포이에르바하Ludwig Feuerbach도 이미 대

왕립 프리드리히빌헬름대학, 1840년 경 (지금의 훔볼트대학)

학에서 밀려난 상황이고, 마르크스와 친교가 있던 브루노 바우어Bruno Bauer(청년 헤겔파의 대표적 인물)도 해고됐죠. 그래서 마르크스도 대학 교원의 길을 단념할 수밖에 없었습니다.

　그 후 마르크스는 1842년 5월부터 〈라인신문〉에 몇 개의 논문을 기고합니다. 이 신문은 라인 주의 부르주아지(자본가 계급) 개혁파들이 발행하던 것이었습니다. 그들은 자신들의 경영 자유를 확대하고자 군주제에 일정 정도의 개혁을 요구하고 있었는데요. 마르크스는 1843년 10월 〈라인신문〉 편집의 중심인물이 되어 비판적인 논조를 강화해 갑니다. 그의 나이 24세 때의 일이었습니다.

사람들이 직면한
구체적 문제에 매달리며

당시까지 대학에서 철학과 법학을 공부하던 마르크스였지만, 신문에서는 실제 정치 경제 문제와 맞닥뜨리지 않을 수 없었습니다. 이를테면 신문 등의 출판물을 사전에 프로이센 정부가 점검해 정부에 불리한 내용은 공개하지 못하도록 하는 '검열' 제도와 싸우지 않을 수 없었죠. 한편, 농민이 공동으로 사용하는 토지에서 관습적으로 마른 나뭇가지를 주웠는데, 정부가 이를 '절도'로 규정한 사건이나 포도 재배 업자에 대한 과세 문제 등에도 부딪혔습니다. 이런 일들을 경험하면서 마르크스는 특히 경제 문제에 자신의 이해가 불충분함을 자각하게 됩니다.

바로 이 시기, 프랑스의 사회주의와 공산주의 사상이 마르크스의 귀에 들어왔습니다. 당시 유명한 인물이 피에르 조제프 프루동Pierre-Joseph Proudhon이었죠. 마르크스는 그런 사상들이 정말 자신이 바라던 개혁을 실현시켜 줄 수 있는 것들인지 차분하게 따져 보자고 생각하게 됩니다.

또한 마르크스는 이 시기를 기점으로 청년 헤겔파 동료들과 결별합니다. 청년 헤겔파는 세상을 바꾸는 데 가장 중요한 것은 사물에 대한 시각을 바꾸는 일이라는 사고방식을 갖고 있었습니다. 취직자리가 없다고 생각하니 취직을 할 수 없는 것이다, 그러니 할 수 있다고 생각하면 취직할 수 있다고요. 하지만 나뭇가지 절도를 이유로 잡혀갈 리 없다고 생각하더라도 실제로는 붙잡힐 수밖에 없잖아요. 그러니 언제까지나 그런 공리공론만 떠들어 댈 뿐인 사람들과 어울려 봐야 아무 소용이 없다고 판단한 겁니다.

그 후 1843년 1월 프로이센 정부는 〈라인신문〉의 발행 금지를 결정합니다. 이에 〈라인신문〉에 자금을 대던 부르주아지들은 주장을 조금만 온건하게 하면 어떻겠냐는 생각을 내비쳤지만, 마르크스는 신문의 연명을 위해 자신의 주장을 바꿀 생각이 없다면서 편집부를 그만뒀습니다.

공산주의
사상·운동가로

〈라인신문〉을 그만둔 젊은 마르크스는 좀 더 자유로운 언론 활동이 허용되던 파리로 망명해 아놀드 루게Arnold Ruge와 함께 《독불연보》라는 잡지를 발행했습니다.

1844년의 일이었습니다. 그리고 그 잡지에 〈유대인 문제에 대하여〉와 〈헤겔 법철학 비판 서설〉이라는 논문을 써 사회 개혁에 필요한 과학적 세계관·혁명론을 주창해 갑니다.

그의 나이 25세 때였습니다.

〈유대인 문제에 대하여〉에서 마르크스는 유대인 차별은 결코 용서받을 수 없는 일이지만, 단지 그 차별을 없애는 것만으로는 사회 전체가 해방될 수 없다, 정치적 해방도 중요하지만 보다 근본적이고도 소중한 것은 인간 해방이라는 주장을 폅니다. 이 인간 해방은 후에 사회주의·공산주의로의 변혁이라는 의미로 이어졌습니다.

물론 마르크스도 처음부터 '마르크스주의자'였던 건 아닙니다. 보다 많은 사람들의 행복한 삶이 가능한 사회를 만들기 위해 무엇이 필요한지 학문과 실천의 양면에서 치열하게 탐구하여 공산주의로 다가간 것입니다. 젊은 마르크스에 대해 읽으면서 우리는 이렇게 자신을 단련한 마르크스의 자세를 배워야 합니다.

〈헤겔 법철학 비판 서설〉에서 마르크스가 주목한 점은 변혁의 주체가 프롤레타리아트, 즉 노동자 계급이라는 것이었습니다. 하지만 이 시점에서는 '노동자'가 무엇이며, '계급'이란 또 무엇인지에 대한 설명이 일체 나오지 않습니다.

그리고 이듬해 청년 헤겔파를 비판한 《신성 가족神聖家族》이라는 책을 출판합니다. 엥겔스와의 공저였죠. 마르크스가 26세 때의 일인데, 이 책에서 유럽 사회를 바꾸기 위해 무엇이 필요한지 고민하며 세계와 국가의 문제, 현실 세계를 파악하는 근본 사상의 문제를 다뤘습니다. 역사적 과제를 정면으로 마주하며 사고를 거듭하는 가운데 이를 책으로 펴낸 겁니다. 그야말로 큰 뜻이죠.

그 후 마르크스는 프랑스에서도 쫓겨납니다. 프로이센 정부의 압력으로 프랑스 정부가 출국 명령을 내린 겁니다. 마르크스는 벨기에 브뤼셀로 옮겨가 거기서 엥겔스와의 공동 작업을 본격화합니다. 그 결과물이 《독일 이데올로기》입니다. 책으로 출판된 것은 마르크스 사후(20세기에 들어선 이후)의 일로, 남겨진 건 원고뿐이었지만 그 몇 개의 원고를 쓰면서 마르크스는 역사적 유물론이라 불리는 사회관·역사관이자 혁명론의 기본을 만들어 냅니다. 저는 바로 이 시점에 마르크스주의의 기본이 확립되었다고 생각합니다.

또한 같은 시기 마르크스는 당시 유럽에서 유명했던 프루동의 이론을 비판합니다. 비판한다는 건 너는 이래서 안 된다는 식의 단순한 부정에 그치지 않고, 이렇게 하지 않으면 안 된다는 대안을 제시하는, 즉 상대보다 풍부한 자신의 견해를 대치對置시키는 것을 말합니다. 그렇게 한계점을 넘는 거죠.

동시에 마르크스는 벨기에 브뤼셀에서 '공산주의자 통신위원회'라는 조직을 결성합니다. 마르크스가 자신의 시각에 기초해 내놓기 시작한 사회 개혁에 관한 생각을 사회에 보급하려는 목적을 가진 곳이었죠. 당시만 해도 정말 다양한 사람들이 이것이야말로 공산주의다, 사회주의다 하며 각자 목청을 높이고 있었거든요. 그런 그룹 중의 하나인 '의인동맹'이 1847년 마르크스와 엥겔스에게 당신들의 사상에 공감하니 부디 우리의 동료가 되어 달라며 가입을 요청했습니다. 마르크스와 엥겔스는 가입하는 대신 조직의 양상을 바꿔야 한다는 조건을 내걸었고, 그들이 제안을 받아들임에 따라 합류하게 됩니다. 이렇게 탄생한 단체가 '공산주의자동맹'입니다. 또, 이 단체로부터 운동의 기본 방침을 써 달라는 위임을 받아 마르크스가 쓴 것이 《공산당 선언》이고요. 당시 마르크스는 29세였습니다.

마르크스를 읽을 때 주의할 점을 말씀드리겠습니다. 마르크스라고 하면 《공산당 선언》과 《자본론》이 유명하죠. 그런데 이 두 책은 서로 연결되어 있기는 해도, 같은 선상에 있다고는 할 수 없습니다. 앞서 살펴본 것처

럼, 17세 시절부터 마르크스는 자신의 사상과 행동을 발전시켰습니다. 스스로 자신을 성장시킨 거죠. 하지만 마르크스의 성장은 《공산당 선언》을 출판한 이후에도 이어졌습니다. 그렇게 보면 30세가 되기 이전에 쓴 《공산당 선언》과 50세가 되기 전에 정리한 《자본론》 제1권에는 같은 마르크스주의라고는 해도 서로 다른 탐구의 도달점이 나타나는 게 당연하겠죠. 예컨대 《공산당 선언》에는, 이후 마르크스 경제학의 핵심이자 노자 관계 분석의 요체가 되는 잉여 가치론이 아직 언급되지 않았습니다. 그러니 《공산당 선언》을 읽었다고 해서 마르크스를 다 아는 게 아니라 29세 때의 마르크스를 알아야 그의 성장 역사를 자각했다고 볼 수 있습니다.

1848년
'독일에서의 공산당의 요구'

《공산당 선언》이 나온 직후 유럽에서는 민주주의 혁명이 일어났습니다. 왕조(군주) 시대를 넘어 민주주의 시대(실은 자본주의 시대지만)로 사회를 변화시키려는 움직임 말입니다. 1848년 11월 프랑스에서 시작된 이후, 그 운동은 오스트리아, 프로이센, 이탈리아, 헝가리, 그 외 다른 지역으로까지 번졌습니다. 마르크스는 독일 사회에 초점을 맞추어 이 운동에 개혁의 방향성을 제시했습니다.

그것이 〈독일에서의 공산당의 요구〉라는 열 몇 가지 항목을 담은 문서입니다. 그 주요 부분을 살펴보면, ①독일 전체를 단일하고 불가분한 공화국으로 만든다, ②21세 이상의 모든 독일인에게 선거권과 피선거권을 준다, ③노동자도 독일 의회에 의석을 가질 수 있도록 한다, ⑤재판은 무료로 하자. 그렇지 않을 경우 부자들만 재판을 할 수 있기 때문이다, ⑥농민을 괴롭히는 여러 가지 봉건적 부담을 폐지하자, ⑦왕후 영지王侯領地를 국유화하고 국민의 이익을 위해 경영한다, ⑩사적인 은행은 폐지하고 유일한 국립 은행의 은행권에 법적 효력을 부여한다, ⑪모든 교통 기관을 국유화하고 무산 계급은 무료로 이용할 수 있게 한다, ⑮고도의 누진세를 실시하고 소비세는 폐지한다(여기서 누진세란 부자는 세금을 많이 내고, 돈이 없는 사람은 세금을 적게 내는 제도를 말합니다), ⑯국가는 모든 노동자의 생활을 보장하고 노동할 수 없는 사람을 부양한다, ⑰공민(즉 시민)의 교육을 무료로 실시한다 등으로 이루어져 있습니다.

젊은 마르크스에게 영향을 준 프랑스 혁명 당시에도 선거권은 남성만의 특권이었습니다. 그러나 마르크스는 21세 이상의, 여성들까지 포함된 모든 독일인들에게 선거권·피선거권을 달라고 요구하고 있습니다. 오늘날의 현실에 비추어 보더라도 훨씬 앞선 '요구'들이 많이 포함되어 있지 않나요?

아울러 주목할 점은, 마르크스가 공산주의에서만 실현될 수 있는 것이 아니라 '지금 바로' 실현해야 할 과제로 이런 내용들을 제시했다는 점입니다. 자본주의를 뛰어넘는 혁명을 전망하는 가운데 무엇보다 사람들의 행복 추구를 추진력 삼아 당면한 사회 발전의 과제들을 확실하고도 알차게 달성해 간다, 바로 이러한 사회 발전의 실제적 논리에 따른 유연한 변혁 사상을 제시한 것입니다.

여기서 잠깐! 그런데 이런 식으로 마르크스의 성장 이야기를 그가 65세가 되는 시점까지 이어 가려면 상당한 지면이 필요하겠죠? 하지만 이런 내용을 배우는 데 적합한 책은 이미 나와 있으니 이 이야기는 이쯤에서 마무리하도록 하겠습니다. 이렇게 약 30세까지 이어진 마르크스의 학문, 그리고 그와 맞물린 사회 개혁 실천에 대해 이야기했는데요. 여러분이 생각해 봤으면 하는 것이 있어요. 이 모든 것이 17세부터 29세까지에 이르는, 여러분과 같은 연배의 마르크스가 보여 준 모습이었다는 사실입니다.

마르크스가
지금의 시대에 살았다면

　만약 마르크스가 지금의 시대에, 동급생으로 여러분 주변에 살았다면 어떤 삶의 방식을 택했을까요? 국민이 낡은 자민당 정치가 아닌 새로운 정치를 기대하고 있는 오늘날의 일본에 만약 마르크스가 살았다면 아마 강의실과 아르바이트, 그리고 하숙집을 오가는 생활만 하진 않았을 것 같죠?

　현대 사회가 이런 상황인데, 일자리가 없어 생활에 곤란을 겪는 사람이 이렇게나 많은데, 정치는 대체 뭘 하고 있는 거지? 하며 곧장 동료들과 기탄없는 논의를 벌였겠죠. 또, 요즘은 청년 마르크스가 투쟁했던 예전의 독일처럼 정부를 비판하면 검열이 가해지거나 국외로 망명할 수밖에 없는 상황도 아니잖아요. 그러니 마르크스는 분명 학창 시절부터 마음껏 사회 개혁 운동을 벌였을 겁니다.

　나라 밖으로 눈을 돌리면 지금 이 순간에도 세계 구조의 커다란 전환이 진행되고 있습니다. 이를테면 미국 대통령이 핵무기 폐기를 선언할 수밖에 없는 상황에 와 있잖아요. 다른 한편에서는 마르크스가 염원하던 사회주의를 시장을 활용해 실현해 보려는 새로운 모색이 이루어지고 있습니다.

　이러한 시대에 마르크스가 살아 있었다면 얼마나 많은 연구를 할 수 있었을까요. 입학 당시의 전공은 정해져 있었겠지만, 마르크스는 자신의 학문 영역을 학부에 맞춰 제한하거나 하는 좁은 시야와 뜻을 가진 인물이 아니었습니다. 뜻한 바를 이루고 더 좋은 세상을 만들기 위해 필요한 학문이라면 누구에게도 의지하지 않고 스스로 도전하는 사람이었죠.

여러분도 아무쪼록 이 점을 잘 생각해 보셨으면 합니다. 나 자신의 행복은 물론 모두의 행복을 위해 살아가는 것이 중요합니다. 학습과 연구를 폭넓게 진행함으로써 살아가는 보람이 사회 진보와 만나는 삶의 방식을 부디 적극 검토해 봤으면 해요.

3.
차곡차곡 쌓아 올린 과학

　다음으로 마르크스가 65세까지 다양한 연구와 운동을 통해 축적한 과학의 특징을 소개하겠습니다. 마르크스의 학문에서 우선 중점을 둘 것은, 사회 변혁을 위해 무엇보다 그 사회 구조를 객관적으로 연구해 밝혀야 한다고 본 마르크스의 입장입니다. 마르크스는 '이런 사회여야 한다'는 식으로 자신의 이상을 사회에 강요한 사람이 아닙니다. 앞서 언급했듯이, 사회는 오직 그 자신의 논리에 따라 변화할 뿐이다, 그러므로 사회를 과학적으로 구명하지 않는 혁명가는 혁명가일 수 없다는 것이 마르크스의 정신입니다.

　그럼 마르크스는 그런 학문을 어떤 수순으로 쌓아 올렸을까요. 당연히 처음부터 전체적인 계획이 존재했던 건 아닙니다. 사람들의 행복을 위해 지금 눈앞에 놓인 문제들을 해결하고, 그것이 하나둘씩 쌓이면서 마르크스의 학문적 발전이 이루어졌어요. 그 결과로 마르크스 사상의 체계도 만들어졌고요. 따라서 세계관, 경제 이론, 미래 사회론, 혁명 운동론에 대해서도 처음부터 '네 가지 구성 요소'라는 차원의 고찰이 이루어진 게 아닙니다.

하지만 이 네 가지는 서로 유기적 연관성을 지니는 구성 요소이기 때문에 한 가지만 따로 떨어져 존재할 수 없습니다. 후에 마르크스의 사상을 이어받으려 노력한 레닌은 과학적 사회주의에 대해 '전일적' 학문이라 특징지은 바 있습니다. 전체가 하나로 통일되어 있다는 건데요. 그렇기 때문에 다른 세 가지는 모르지만 경제 이론은 알고 있다든가 나머지는 잘 모르지만 세계관은 잘 안다든가 하는 이해 방식은 아예 성립 자체가 불가능하다는 겁니다. 어떤 한 가지 요소만을 바라볼 때 잘 알 수 없던 것을 전체를 제대로 배움으로써 이해하게 되는 구조인 거죠.

마르크스의 체계는 마르크스의 사상만으로 이루어진 '닫힌' 구조가 아닙니다. 이는 마르크스가 자신의 사상을 단련시킨 방법을 살펴보더라도 잘 나타납니다. 마르크스가 경제학 연구를 시작하면서 맨 처음 한 일이 마르크스 이전의 경제학자들에 대한 검토였거든요. 그래서 초기에는 초록을 구성하는 것만으로도 벅차 따로 의견을 덧붙일 수 없었어요. 1844년에 썼던 《경제학·철학 수고》도 처음에 애덤 스미스에 대한 초록이 등장합니다. 다시 말해 마르크스는 어떤 연구를 진행하기 전에 우선 그 시점까지 존재하던 과학의 도달점부터 제대로 공부했던 겁니다. 그런 점에서 마르크스의 사상은 결코 인류의 역사, 학문의 역사를 건너뛴 독선이 아닙니다. 철학에서도 헤겔과 포이에르바하를 확실히 공부하고 다음 단계로 나아갔죠.

또한 마르크스의 체계는 미래를 향해 열려 있습니다. 마르크스는 자신의 사상과 학문에 모자란 점이 있다는 걸 깨달으면 그 즉시 연구를 거듭해 더 풍요로운 방향으로 진화시켰습니다. 29세 때 《공산당 선언》을 썼다고 그냥 그 지점에서 만족하지 않았다는 이야기입니다. 이후에도 마르크스는 끊임없이 《공산당 선언》의 부족한 부분을 극복해 나갔습니다. 사실 이것이 그가 살았던 시대에 마무리될 수 있는 문제도 아니었거든요. 결국 오늘을 살아가는 우리도 마르크스의 불충분했던 부분을 보다 진화시켜 가야 하

닫혀 있지 않아요

겠습니다. 마르크스 자신도 이를 바라고 있을 거예요.

세계관의 특징 ―
① 유물론의 견지

그럼 지금부터 위의 네 가지 구성 요소를 차례대로 살펴보겠습니다. Ⅰ장에서도 관련 내용을 다뤘기에 중복되는 부분도 있겠지만, 그래도 좀 다른 각도에서 이야기해 볼까 합니다.

우선 세계관에 대해 살펴볼까요? 세계관을 이루는 첫 번째 축은 유물론의 입장입니다. 마르크스의 저작 중 일부분을 골라 소개하겠습니다.

흔히 유물론과 관념론의 대립이 철학의 근본 문제라고들 합니다. 여러 가지 관련 글이 있지만, 여기서는 젊은 시절의 마르크스와 엥겔스가 집필한 《독일 이데올로기》의 일부를 소개합니다. Ⅰ장에서도 인용됐던 부분이지만 다시 한번 읽어 보시죠.

> 옛날, 한 용감한 사내가 사람들이 물에 빠지는 것은 그들이 중력의 관념에 사로잡혀 있기 때문이라고 굳게 믿었다. 이를테면 그들이 이러한 관념을 미신적 관념, 종교적 관념이라 명언

하고, 머릿속에서 몰아내 버리면 모든 수해를 면할 수 있다는 이야기다. 그는 일생 동안 중력의 환영과 싸웠는데 … 이 용감한 사내야말로 독일의 새로운 혁명적 철학자들의 전형이다.

— 10쪽

  이것은 청년 헤겔파에 대한 비판입니다. 여기서 '독일의 새로운 혁명적 철학자들'로 지칭하는 것이 청년 헤겔파이고요. 중력의 관념에 사로잡혀 '아아, 물에 빠진다'라고 생각하니 물에 빠지는 거야, '나는 물에 뜬다'라고 생각하면 물에 빠지지 않겠지. 마르크스는 청년 헤겔파의 바로 이런 생각을 비판했습니다.

  또한 마르크스는 단지 어떻게 되리라고 믿는 것만으론 세상의 변화는 일어나지 않으며, 실제로 물에 빠질 수밖에 없는 현실이 존재하기 때문에 사람들이 '중력'을 자각하게 되는 것이라 했습니다. 관념론에서는 중력의 관념을 없애면 누구도 물에 빠지지 않는다고 말합니다. 하지만 마르크스는 어떤 생각을 하든 간에 중력을 이겨 낼 방법을 익히지 않는다면 인간은 결국 물에 빠질 수밖에 없다고 본 거죠. 이것이 유물론의 입장입니다.

  빈곤의 관념을 없애면 빈곤은 사라진다, 실업의 관념을 없애면 실업도 사라진다—이런 바보 같은 소리가 어디 있습니까. 문제의 본질은 현실에 대한 해석을 바꾸는 게 아니라 빈곤을 양산하는 사회의 구조를 바꾸는 것, 실업을 양산하는 '사회의 질환'을 치유하는 것이라 보고 그렇게 현실에 맞서 개혁을 이루자는 것이 유물론의 입장입니다.

바꿔 말하면, 유물론은 정신과 현실과의 관계에서 정신이 현실을 만들어 내는 것이 아니라 현실은 정신과 독립적이며, 정신에는 현실이 다양한 형태로 반영되어 있다고 보는 사고방식입니다. 그러한 '반영'의 방식은 과학처럼 엄밀한 것에서부터 창조적인 반영이라고도 불리는 예술의 영역에 이르기까지 무척 다양하고요. 또한 유물론은 인간의 현실 인식에 대해, 한번에 모든 것을 인식하지는 못해도 시간을 두고 무한히 깊어질 수 있다고 보았습니다.

세계관의 특징 —
② 변증법의 견지

마르크스 세계관을 이루는 또 한 가지 축은 변증법이라 불리는 사고, 혹은 관점입니다. 공동 연구자였던 엥겔스의 《포이에르바하론》의 내용을 다시 한번 인용해 보겠습니다.

> 세계는 이미 만들어져 있는 사물들의 복합체가 아닌 과정들의 복합체로 파악되어야 하며, 그런 맥락에서 겉보기에는 고정적인 사물들이라도 … 생성과 소멸이 이어지는 변화 가운데에 있고, 그 변화 속에서 우연처럼 보이거나 혹은 여러 가지 일시적 후퇴가 있을지라도, 끝내 하나의 전진적 발전이 이루어진다는 위대한 근본 사상 …
>
> – 72쪽

세계는 여러 가지 요소와 사물의 집합체이며, 그 요소와 사물은 늘 변화하는 과정 속에 있다. 또한 그 변화는 무척 다양해 보이지만 우주의 변화, 생물의 진화, 사회의 발전처럼 거시적으로 보면 일정한 방향으로 이루어지고 있다—이것이 변증법적 관점입니다.

오늘날에는 오히려 상식적인 관점이지만, 마르크스가 살던 당시 유럽의 경우 세계는 신이 창조한 순간부터 변화 없이 반복되는 역사가 있을 뿐이라는 사고가 만연해 있었습니다. 따라서 마르크스는 결코 그렇지 않다고 강조할 수밖에 없었죠.

어떤 사물을 인식할 때, 그것을 역사적 맥락에서 바라볼 필요가 있습니다. 이를테면 최근의 고용 상황도 현 국면만 따로 떨어뜨려 인식할 게 아니라 태평양전쟁 이후의 역사를 더듬어 봐야 한다는 거죠. 그렇게 보면 버블 경제 시기의 유효 구인 배율[3]이 지금의 배 이상이었고 고도 성장기에도 임금이 매년 올랐는데 어째서 지금 같은 변화가 일어났느냐는 문제 제기가 가능해집니다. '옛날부터 그랬기 때문에 어쩔 수 없다'는 그릇된 믿음을 넘어 구체적으로 '어떻게 해야 상황을 개선할 수 있을까'라는 생각을 할 수 있게 되는 거죠. 즉 유물론과 변증법이 온갖 현실 문제의 해답을 제시하는 만병통치약은 아닐지라도, 문제 해결의 방향을 보여주는 '실마리'는 될 수 있습니다.

세계관의 특징 —
③ 사회를 보는 관점

세계관의 특징 중 세 번째는 사회를 바라보는 관점입니다. 엥겔스는 《포이에르바하론》에서 이렇게 말했습니다.

---

3 전국 공공 직업 안정소에 신청된 구직자 수 대비 구인 비율. (─옮긴이)

역사에서 본래의 추진력을 구성하는 동력을 탐구해 보면 …
각각의 사람들의 동기보다 문제가 되는 것은 커다란 인간 집
단, 민족 전체, 나아가서는 각 민족 내부의 모든 계급을 움직
일 수 있는 동기이며, 이러한 … 거대한 역사적 변동을 유발,
지속적 행동으로 이끌어 갈 동력이다.

– 83쪽

마르크스는 사회를 개혁해서 새로운 역사를 개척하려 했
습니다. 이 경우 당시까지의 역사가 무엇을 원동력으로 어떤
계기로 변화했는지가 관련 연구의 중대한 과제로 떠오르게
되는데요. 역사는 인간에 의해 변해 왔습니다. 하지만 몇몇
개인의 노력만으로 변화는 불가능합니다. 그래서 사회의 다
수자들, 계급과 민족이라는 거대한 집단이 움직일 수밖에 없
었던 것입니다. 이 지점에서 '그럼 지난 역사에서 그런 집단
이 변혁을 향해 지속적으로 움직이게 된 '동기'는 무엇일까'
라는 물음이 등장합니다.

탐구 결과, 마르크스는 거대한 역사적 변화의 근저에는 반
드시 경제적 변화가 존재한다, 경제적 변화가 인간의 변화
전체를 이루어 내는 객관적 '동기'를 만들어 낸다는 결론에
도달합니다. 마르크스의 젊은 시절에도 군주제에 정치적 해

방을 요구하는 부르주아 혁명의 움직임이 전 유럽에서 끊질 기게 반복됐는데, 그 근저에는 봉건제로부터 자본주의로 이 행하는 경제의 변화가 자리하고 있었습니다.

　다른 한편으로 마르크스는 사회가 단계적으로 변화한다는 사실에 주목했습니다. 이에 대해 대략 설명하자면, 인류 사회 는 초기에 원시 공산제 사회였습니다. 뒤이어 노예제 시대가 있었고, 봉건제 시대가 그 다음이었어요. 그러다가 다시 자본 제(자본주의) 시대로 변화했고, 또한 지금은 각지에서 다음 시 대에 대한 전망이 나오고 있다는 것입니다. 즉 사회에는 길고 도 안정적인 발전의 시기가 있지만, 어떤 시대에서 다른 시대 로 급속하게 변화하는 시기 또한 존재한다는 거죠. 언제까지 나 완만한 변화만 이어지지는 않는다는 이야기입니다.

경제 이론의 특징 ─
① 운동 법칙의 해명

　앞서 마르크스가 경제 변화에 주목했다고 이야기했는데, 도대체 그 경제라는 것을 그는 어떻게 탐구했을까요?

　　다양한 인간 사회가 생산하고 교환하며 그때그때 생산물을 분
　　배해 온 조건과 형태에 대한 과학으로서의 경제학으로 범위를

넓힌 경제학은 이제 처음으로 만들어지는 것이다. 우리가 오늘날까지 경제학을 통해 다뤄 온 내용은 대부분 자본주의적 생산 양식의 발생과 발전에 대한 것으로 한정되어 있다.

— 《반뒤링론(상)》, 211~212쪽

인간 사회의 발전 단계에 따라 그 시대를 해명하는 경제학이 존재한다, 하지만 지금은 자본주의에 대한 경제학이 주를 이루고 있다—이 이야기는 엥겔스가 시작했는데, 그는 이런 내용을 담은 《반뒤링론》의 경제학 편을 《자본론》 제1권에 기초해서 썼습니다.

마르크스 경제 이론이라고 하면 바로 가치 법칙이나 잉여 가치론을 이야기하지만, 그 이전에 간과해서는 안 될 점은 그것이 자본주의 경제의 운동 법칙, 즉 태어나 성장하여 다음의 새로운 경제 사회로 배턴 터치하는 역사 변화의 해명을 과제로 한다는 것입니다. 자본주의가 영원하지 않다던 견지는 자본주의의 반복 법칙뿐만 아니라 그것의 반복 과정에 일관되는 발전 법칙 해명에도 적용됩니다.

마르크스는 《자본론》 서문에서 다음과 같이 말합니다.

근대 사회의 경제적 운동 법칙을 폭로하는 것이 이 저작의 최

종 목적이다. − 제1권, 12쪽

근대 자본주의 사회의 운동 법칙을 경제의 시각에서 철저히 구명하는 것이 목적이라는 이야기입니다. 실제로 《자본론》을 보면, 16세기에 발생한 자본주의가 어떻게 생산 과정 전체를 장악했으며, 또한 그 발전이 이후의 사회를 어떻게 준비해 가는지에 대한 굵직한 논리들이 등장합니다. 그러한 전체상 파악이 중요하고요. 이는 가치란 무엇이며, 잉여 가치란 또한 무엇인지 알아보는 작업이 《자본론》을 단편적으로 읽어서는 불가능하다는 사실의 반증이기도 합니다.

경제 이론의 특징 —
② 자본주의의 모순

경제 이론의 두 번째 특징은 마르크스가 자본주의의 모순에 주목하고 있다는 점입니다. 자본주의가 왜, 어떤 식으로 발전해 왔는지에 대한 해명은 자본주의의 변화와 발전을 이끌어 온 내부 모순의 해명과 더불어 이루어질 수밖에 없는데요. 그 모순에 대해 마르크스는 이를테면 다음과 같이 표현하고 있습니다.

자본주의적 생산의 진정한 한계는 자본 그 자체다. 즉 자본의 자기 증식이 생산의 출발점과 종결점, 동기와 목적으로 나타난다는 것이다. 결국 생산은 자본을 위한 생산에 지나지 않으며, 생산 수단은 생산자들의 사회를 위한 생활 과정을 확대·형성하는 데 도움이 되는 수단이 아니라는 것이다. — 제9권, 426쪽

자본주의적 생산은 생산에 관여하는 이들의 행복이나 소비하는 이들의 생활이 아니라 자본의 자기 증식(사적 이익의 확대)을 그 동기이자 목적으로 한다. 다시 말해, 이윤 제일주의입니다. 그러니 일하는 사람들의 임금을 터무니없이 깎고, 아무런 권리도 행사할 수 없는 비정규 노동자가 늘어나고, 과로사가 만연하는, 급기야 바퀴가 고장난 트럭이나 유통 기한이 지난 우유를 파는 어처구니없는 일까지 일어나는 것입니다.

생산 수단을 발전시켜 휴대 전화와 컴퓨터를 판매하고 사회의 풍요로운 물적 생활을 확대하는 과정에서 자본은 빈부 격차와 소비자의 피해, 노동자의 고통이나 환경 파괴와 같은 사회적 해악을 끼치지 않고서는 자기 증식을 이룰 수 없습니다. 자본 자체의 이러한 특성 때문에, 해악 속에서 살아가던

사람들 가운데 차츰 문제 해결을 바라는 수많은 사람들이 출현하게 됩니다. 그 변화가 자본의 횡포를 억제하고, 자본주의에 규칙을 부여하려는 움직임을 이루고, 궁극에는 자본주의 시스템 자체를 뛰어넘자는 방향으로 발전하는 것입니다.

이렇듯 마르크스는 자본주의 발전 법칙에 대한 문제의식과 자본주의 근본 모순의 해명을 같은 선상에 놓고 탐구를 진행했습니다.

지난 2010년 1월에 열린 일본공산당 당 대회에서도 화제가 되었지만, 2009년 가을 영국의 공영 방송인 BBC가 세계 27개국의 2만9천 명을 대상으로 설문 조사를 실시했습니다.

조사 항목 가운데 '자유 시장의 자본주의가 잘 돌아가고 있느냐'는 질문이 있었는데요, 일본 현실에 비추어 말해 보면 '구조 개혁의 자본주의가 잘 돌아가고 있느냐', '자기 책임의 자본주의가 잘 돌아가고 있느냐'는 정도의 의미겠습니다. 이 질문에 대해 '자본주의는 잘 기능하고 있고, 규제 강화는 기능 저하를 초래한다'고 답한 사람은 전체 응답자 중 겨우 11퍼센트에 불과했습니다. 다른 의견을 살펴보면, 51퍼센트가 '문제가 있으나 규제와 개혁으로 해결 가능하다'—즉 자본주의에 '규제와 개혁'이 필요하다고 답했습니다. 더 놀라운 것은 자본주의가 '치명적 결함이 있으므로 새로운 경제 시스템

영국 BBC 방송의 국제 여론 조사, 12개국 결과 비교 (2009년 11월)

자유 시장의 자본주의는 잘 돌아가고 있는가?

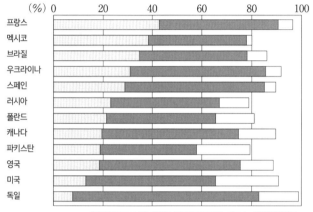

치명적 결함이 있으므로 새로운 경제 시스템이 필요하다
문제가 있으나 규제와 개혁으로 해결 가능하다
잘 기능하고 있으며, 규제 강화는 기능 저하를 초래한다

출처 : Grobescan poll for BBC World Service http://news.bbc.co.uk/2/hi/8347409.stm

이 필요하다'고 답한 사람이 23퍼센트에 달한다는 것입니다. 네 사람 중 한 사람이 자본주의에 규칙을 부여하는 것만으로는 한계가 있다, 이윤 제일주의 그 자체에 대한 개혁이 필요하다고 생각하는 거죠.

이렇듯 오늘날 현대 자본주의는 그 문제점이 명확히 드러났을 뿐만 아니라 많은 사람들이 이를 인식하고 해결하기 위해 노력하고 있습니다. 이것이야말로 마르크스가 말한 자본주의 운동 법칙의 표출 그 자체라 하겠습니다.

일본 사회는 이러한 현실에 비추어 보더라도 한참 뒤떨어져 있습니다. 정계는 아직도 '구조 개혁' 노선을 유지하고, 현 아베 정권도 이를 바꾸려 하지 않잖아요.

위에서 인용한 그림은 BBC의 질문에 답한 12개국 사람들의 의견입니다. 그래프의 오른쪽 끝은 현재의 '구조 개혁' 노선을 지속해도 문제없을 거라고 답한 사람들의 비율을, 왼쪽 끝은 이제 더 이상 자본주의로는 안 된다고 답한 사람들의 비율을 보여 줍니다. 오늘날 일본의 현실만 보면 자본주의가 영원할 것 같다고 생각할지 모르지만, 세계인들은 이 문제에 대해 훨씬 자유롭게 사고하고 있습니다. 세상을 보다 나은 방향으로 바꿔 보자, 할 수 있다고 말이죠.

미래 사회론의 특징 —
① 이윤 제일의 전환

다음으로 이야기할 것은 미래 사회론입니다. 마르크스 미래 사회론의 특징은 그것이 책상머리에서 그려진 이상론이 아니라, 자본주의의 한계(이윤 제일주의)를 해결해 가는 결과로서 그 모습이 분명해진다는 사실입니다.

이윤 제일주의를 극복하려면 경제생활의 원동력을 일부 자본가의 사적 이윤 추구에서 사회 전체의 행복 추구로 전환할 필요가 있습니다. 이것을 어떻게 실현할 수 있을까요. 생산 수단(공장, 원재료, 건물 등)을 자본가들의 사적인 재산에서 사회적 재산으로 바꾸는 일을 통해 가능하겠죠. '자신(자본가)의 이익을 위한 생산'을 '모두의 이익을 위한 생산'으로 전환한다. 이것이 마르크스의 대답입니다. 마르크스는 이러한 전환을 '생산 수단의 사회화'라고 불렀습니다.

그리고 그렇게 이룩될 새로운 사회를 마르크스는 사회주의, 혹은 공산주의라고 했습니다. 결국 같은 이야기지만요. 공산주의에 대해 공산당 일당 독재라든가 자유와 민주주의가 없는 감옥 같은 사회라는 이미지가 있을지도 모르지만, 마르크스의 공산주의론은 그런 게 아닙니다.

예를 들어 마르크스는 《자본론》에서 다음과 같이 말합니다.

공동의 생산 수단으로 노동하며 자신들의 개인적 노동력을 하나의 사회적 노동력으로 자각적으로 지출하는 자유로운 인간들의 연합체

– 제1권, 133쪽

이것이 경제면에서 공산주의가 갖는 특징입니다. 사회적 재산인 생산 수단을 사용해 서로 대립하지 않고 힘을 모으고, 누군가의 명령에 의해서가 아니라 같은 사회에서 살아가는 서로를 위해 자발적으로 일하는 자유로운 인간들의 모임—이것이 바로 마르크스의 공산주의적 사회상입니다.

경제 구조가 이런 방식으로 전환되면 인간 사회 전반에 어떤 새로운 변화가 일어날까요. 이 점에 대해서도 마르크스는 여러 가지 연구 업적을 남겼습니다. 빈부 격차가 해소되고 합의에 기반한 경제의 계획적 운영이 가능해진다—환경 문제의 대책 마련은 물론 궁극적으로 생계를 위해 일할 수밖에 없는 시간이 점차 줄어 자유 시간이 늘어날 거라는 전망도 제시됩니다. 마르크스는 이것을 모든 사람들이 천부적으로 가진 발달 가능성을 본격적으로 개발할 수 있는 사회라고 보았습니다.

사실, 이것도 현대 자본주의에서 이미 큰 화제가 됐던 내용입니다. 인간 사회의 발전을 GDP(국내 총생산)로만 계산할 것이 아니라 한 사람 한 사람이 얼마나 다면적으로 풍요를 누리고 있는지를 기준으로 따져야 한다는 의견이 나왔죠. 이에 따라 UN에서도 '인간 발달(개발) 지수'라고 하는, 건강과 수명, 교육 수준, 경제 발전의 세 가지 각도에서 인간 사회의 발전 정도를 파악하려는 시도가 이루어지고 있잖아요.

또, 경제 발전에 따른 자유 시간 증가와 관련해서도 이미 자본주의의 틀 안에서 큰 변화가 있었습니다. 일본의 노동 시간은 서비스 잔업⁴까지 포함해 1년 기준 2200시간 내지 2300시간 정도입니다. 하지만 프랑스·독일은 1500시간으로, 일본과 비교했을 때 750시간 정도 차이가 납니다. 연간 노동일을 250일로 계산할 때 매일 3시간 정도의 차이가 있다는 겁니다.

단순화하면, 일본의 샐러리맨들이 밤 10시에 퇴근해 '아, 피곤하다'고 생각할 때, 프랑스·독일의 샐러리맨들은 7시에 퇴근해 '아, 힘들다' 하고, 일본의 샐러리맨들이 7시쯤 일터를 나와 '뭐, 그럭저럭 할 만하네'라고 생각할 때, 프랑스·독일의 샐러리맨들은 4시에 집에 돌아와 '뭐, 그럭저럭 할 만하네'라고 생각한다는 거죠. 또, 일본인들이 5시에 집에 돌아와 '내일 잘리는 거 아냐?'하며 불안해 할 때, 프랑스·독일의 샐러리맨들은 2시에 벌써 집에 돌아와 있다는 이야기입니다. 매일 3시간의 차이란 이런 겁니다.

사실 프랑스 등의 경우 유급 휴가가 연간 약 5주나 되고 소

---

4 사용자로부터 시간 외 근무 수당을 받지 못한 노동을 가리키는 말. (-옮긴이)

비율이 100퍼센트에 가까우니, 이를 감안해 계산하면 일하는 날의 하루 노동 시간이 좀 더 길어지지만, 인간다운 노동이나 생활의 기준은 전혀 다르겠죠. 이런 긴 자유 시간이 휴양이나 건강 관리, 가족과의 시간, 자원 봉사, 시민 활동 등의 여유를 제공하여 인간의 다면적 발달 조건을 형성한다는 겁니다. 그런 변화가 이미 유럽에서 진행 중이고요.

그 배경엔 인간은 일하기 위해 태어난 게 아니라 인생을 즐기기 위해 태어났다, 따라서 노동만으로 시간을 보내는 건 이상한 일이라는 생각이 깔려 있습니다. 물론 사회를 유지하기 위한 노동은 당연히 이루어지죠. 그럼에도 불구하고 한 사람 기준으로 계산해 볼 때, 유럽에는 일본보다 GDP가 높은 나라도 많습니다. 이러한 변화는 앞서 소개한 마르크스의 전망과도 큰 관련이 있습니다. 20세기 초엽 프랑스의 주당 노동 시간은 70시간이었지만, 마르크스가 경험한 것은 그 이전의 자본주의였습니다. 그런 시대밖에 알지 못하는 상황에서 노동 시간의 단축과 인간 발달의 가능성에 대해 이토록 선험적인 통찰을 내놓은 것이야말로 마르크스 과학의 대단함이라 하겠습니다.

미래 사회론의 특징 —
② 긴 과도기와 점진적 개혁

미래 사회론의 두 번째 특징은 자본주의가 사회주의·공산주의 사회로 진화하는 데 긴 과도기가 필요하다고 지적한다는 점입니다. 한달음에 이루어지는 변화란 없다는 말입니다. 마르크스는《자본론》제1권을 썼던 시절만 하더라도 자본주의가 잘 발전되어 있으면, 미래 사회로 가는 과도기가 단기간에 끝날 수도 있다고 봤습니다. 하지만 파리코뮌 성립(1891년)이라는 프랑스의 혁명적 사건을 분석하면서 사고방식의 변화가 일어나게 됩니다. 예를 들어 볼까요?

> 노동의 노예제에 관한 경제적 조건을 자유로운 협동 노동의 조건으로 대치하는 일은 시간을 요하는 점진적인 작업을 통해서만 가능하다(경제적 개조). 이를 위해 분배에 있어서의 변경뿐만 아니라 생산을 위한 새로운 조직이 필요하다. 전국적이고도 국제적으로 조화롭게 결합할 필요가 있다.
> −《프랑스 내전》제1초고,《마르크스·엥겔스 전집》제17권, 517~518쪽

'노동의 노예제'란 옛날의 노예제가 아닌 현대 자본주의를

지칭합니다. 마르크스는 자본주의에서의 노동자를 '임금 노예'라고도 부르거든요. '자유로운 협동 노동'이란 공산주의에서의 노동을 의미하고요. 또한 그 전환은 '시간을 요하는 점진적인 작업이다'—'점진적'이라는 건 순차적으로 조금씩 해나가는 걸 의미합니다. 그렇게 조금씩 전환이 이루어지니 시간이 걸릴 테고요. 또한 그 전환의 내용에 있어서는 '분배의 변경'뿐만 아니라 무엇보다 생산 조직의 변경, 나아가서는 개혁이 이루어진 각 생산 현장을 통한 계획적 조정과 국제적 조정 또한 필요하다고 보았습니다. 이런 거대한 과업을 해나가려면 물론 충분한 시간이 필요하겠죠. 또한 이 일은 과도기를 잘 헤쳐 나갈 수 있는 인간의 능력 발달과도 밀접한 관련이 있습니다. 이 과도기에 대해 마르크스는 다음과 같이 서술하고 있습니다.

> 현재의 '자본과 토지 소유라는 자연 법칙의 자연 발생적 작용'은, 새로운 조건이 발전하는 긴 과정을 통해 '자유로운 협동 노동의 사회 경제 법칙의 자연 발생적 작용'으로 전환될 수 있다. 그것은 '노예제의 … 작용'과 '농노제의 … 작용'이 바뀌는 경우와 마찬가지다.
>
> ─《프랑스 내전》제1초고, 《마르크스·엥겔스 전집》제17권,

518쪽. 번역문은 후와 데쓰조,《마르크스, 엥겔스 혁명론 연구 (하)》, 287쪽을 기준으로 합니다.

일찍이 노예제가 농노제로 바뀐 것과 '마찬가지', 농노제가 자본제로 바뀐 것과 '마찬가지'로, '긴 과정'이 필요하다는 전망입니다. 물론 수 세대에 걸친 기간을 의미하겠죠.

미래 사회론의 특징 —
③ 국가가 필요 없는 사회

마르크스의 미래 사회론에는 국가를 필요로 하지 않는 사회라는 특징도 포함됩니다. 국가는 원시 공동 사회가 극단적 대립이 벌어지는 계급 사회(노예제 사회)로 전환됐을 당시, 지배 계급이 사회 전체를 힘으로 억압하는 수단으로서의 군사력을 그 핵심으로 해서 태어났습니다. 자본주의에서도 이를테면 태평양전쟁 전의 일본 사회에서는 천황을 정점으로 한 지배층이 국민을 '신민'(천황의 백성)이라 부르는 헌법에 근거해 사상과 언론 활동 등을 탄압하는 국가가 존재했고요.

의회제 민주주의가 성립되어 국민의 의지가 정치에 직접 반영된 건 태평양전쟁이 끝난 후의 일로, 그런 국가는 긴 역사 속에서도 무척 예외적인 존재였던 겁니다. 이렇듯 예외적인 국가를 활용해 '재벌 중심주의'에서 벗어나지 못하는 일본 사회를 점차 '국민이 주인공'인 사회로 변화시키고, 결국 '재계와 국민의 대립이 애초에 존재하지 않는 사회', 즉 공산주의로 나아간다는 개혁의 전망이 오늘날 일본에도 제시되고 있습니다.

공산주의로 향하는 과도기에는 계급들 사이의 분열과 대립이 없는 사회를 만드는 게 중심 과제로 떠오르는데, 이 과제가 점점 달성될수록 어떤 계급(지배자)의 의지가 사회 전체에 강요되는 일 또한 사라집니다. 따라서 과도기가 진전됨에 따라 '자유로운 협동 노동'의 주인공들에 의한 자발적이고도 공동체적인 사회의 관리·운영은 발전하지만, 국가는 잠들어간다는 것이 마르크스가 내놓은 국가와 관련한 장기적인 전망입니다. 공산주의 사회는 국가가 필요 없어진 단계의 사회라는 겁니다.

국가간…

여기서 잠시 살펴볼 것이 과거 소련의 모습입니다. 스탈린은 1936년, 과도기가 끝났다고 선언했습니다. 이미 소련은 훌륭한 사회주의 사회라고 말이죠. 그러나 거기에도 여전히 국가는 존재했습니다. 스탈린은 국가의 대표였고요. 게다가 그 국가는 인민을 엄청나게 억압했으며, 대외적으로도 패권주의 노선을 걸었습니다. 적어도 스탈린 시대부터의 소련은 사회 내부의 계급 대립이 해소되어 국가의 역할이 차츰 사라져가는 방향으로는 전혀 나아가지 않았거든요. 따라서 소련 사회의 실태를 기준으로 마르크스의 미래 사회론을 가늠하기란 불가능합니다.

혁명 운동론의 특징 —
① 다수자 혁명론

네 번째는 혁명 운동론입니다. 그 특징 중 하나가 의회를 통한 다수자 혁명의 탐구인데요. 이상하게도 1848년 출간된 《공산당 선언》을 보면 힘에 의한 전복이라는 말이 나옵니다. 어째서일까요. 그것은 아직 의회가 존재하지 않았기 때문입니다. 당시는 의회가 존재하지 않는 군주제, 왕정 시대였거든요. 따라서 1848년 민주주의로의 전환을 요구하며 수많은 사람들이 혁명 운동을 벌였을 때, 그 방법은 하나같이 힘에 의한 개혁이었습니다. 왕정을 문자 그대로 '때려 엎는' 혁명 말이죠. 그 외의 방법을 다들 몰랐기 때문입니다.

하지만 그런 시대에도 마르크스는 앞서 언급한 〈독일에서의 공산당의 요구〉에서 21세 이상의 모든 사람들에게 선거권을 부여하고, 의회에 노동자 대표를 보내라며 목소리를 높였습니다. 의회를 통해 정치와 사회를 바꾸려 했던 거죠. 그 기저에는 민주주의의 충실성을 요구하는 사상이 자리 잡고 있었습니다. 온 국민이 평등한 정치적 권리를 가져야 한다는 것입니다.

여기에 덧붙여 엥겔스는 다음과 같이 말했습니다.

> 사회 조직의 완전한 개조가 이루어지려면, 대중 자신이 그것에 참가하고, 무엇이 문제인가, 무엇을 위해 그들이 육체와 생명을 바치면서까지 행동하는가를 이해하고 있어야 한다. …이를 위해서는 오랜 기간에 걸친 끈질긴 작업이 필요하다.
> ─《프랑스에서의 계급 투쟁》1895년 판 서문,《마르크스·엥겔스 전집》제7권(저작·논문집, 1849년~1851년), 532쪽

사회 전체의 개조를 위해서는 많은 사람의 합의와 적극적인 참여가 필요하며, 모두가 이런 방향으로 사회를 바꾸자고 자각해야 한다는 말입니다. 또한 그렇게 자각한 사람들을 늘려가는 일이 혁명 운동, 사회 개혁 운동의 기본이고요. 실제로는 개혁의 과정에서 지배자들이 폭력을 휘두를 가능성도

배제할 수 없어요. 하지만 다수자의 합의로 지배자들을 포위한다면, 그들이 폭력을 휘두를 가능성도 희박해질 겁니다.

혁명이라면 폭력이지, 마르크스도 폭력 혁명론자야—라고 오해하는 사람도 있지만, 마르크스를 조금이라도 읽어 보면 알 수 있을 겁니다. 전혀 아니라는 걸요. 이런 오해를 확산시키는 데 큰 역할을 한 것이 레닌의 《국가와 혁명》이라는 책이었습니다. 이 부분에 대해선 이미 자세한 검토가 이루어졌죠.

혁명 운동론의 특징 ―
② 단계적 변혁론

두 번째로, 마르크스는 단계적 변혁론의 입장에 서 있습니다. 1848년 혁명 당시 내놓은 〈독일에서의 공산당의 요구〉에는 자본주의를 뛰어넘어 공산주의 사회를 만들자는 내용이 어디에도 쓰여 있지 않습니다. 심지어 《공산당 선언》에조차 다음과 같은 문장이 나옵니다.

> 공산주의자는 노동자 계급의 눈앞에 있는 목적과 이익을 달성하기 위해 싸우지만, 현재의 운동과 더불어 그 미래를 대변한다. ― 106쪽

눈앞의 과제를 위해 확실히 싸우는 것이야말로 미래의 더 큰 변혁으로 이어지는 일이라는 겁니다.

사회 발전에는 법칙성이 있고, 사회란 인간이 믿는 방향으로 변화하지 않는다는 거죠. 그렇기 때문에 마르크스는 또한 《자본론》에서 자본주의 구조에서의 점진적 개혁에 대해 다음과 같이 언급했습니다. Ⅰ장에서 인용된 부분이지만 다시 한번 읽어 보겠습니다.

> ① 자본은 사회적으로 강제하지 않으면 노동자의 건강과 수명에 대해 어떤 고려도 하지 않는다. – 제2권, 464쪽

실제로 마르크스 시대의 영국에서는 아이들과 여성들까지 포함된 노동자들이 과로와 공장의 비위생적 환경 등으로 목숨을 잃는 사례가 많았습니다. 바로 이 때문에 노동 조건 개선을 요구하는 노동 운동이 일어나 경영자들과의 격렬한 투쟁이 전개됩니다. 그 투쟁을 마르크스는 '내란'이라 표현했습니다. '내란'을 통해 노동자들은 공장법을 쟁취합니다. 핵심은 노동 시간의 제한이었죠. 그 의의에 대해 마르크스는 다음과 같이 서술하고 있습니다.

영국의 아동 노동, 1844년

② 공장입법 [노동시간법], 즉 사회가 그 생산 과정의 자연 발
생적인 형태에 가한 최초의 의식적이고 계획적인 반작용은 …
대공업의 필연적 산물이다. - 제3권, 828쪽

공장입법이 노동자와 국민의 투쟁으로 자본주의를 조금씩
개혁해 가기 위한 '첫 걸음'이었다는 말입니다. 그 내용은 이
윤 제일을 관철시키려는 자본주의에 대해 사회가 '계획적인
반작용'을 가함으로써 자본을 일정한 룰 아래서 컨트롤하는
것입니다. 마르크스는 이를 자본주의하에서의 '필연'이라 했
습니다. 더 나아가 다음과 같이 말합니다.

③ 공장입법의 일반화는 생산 과정의 물질적 조건 및 사회적

결합과 함께 생산 과정의 자본주의적 형태가 갖는 모순과 적대적 요소들, 그리고 새로운 사회의 형성 요소와 낡은 사회의 변혁 계기를 성숙시킨다. ― 제3권, 864쪽

자본주의적 구조에 있어서의 규제와 개혁이 축적되면서 미래 사회로의 준비를 요구하는 많은 사람들의 바람 또한 '성숙'한다는 겁니다. 이렇듯 마르크스는 자본주의의 틀 안에서 벌어지는 눈앞의 투쟁이야말로 점차적으로 '운동의 미래'를 열어 줄 거라 보았습니다. 또한 마르크스는 어서 자본주의를 그만두고 내일 당장 공산주의로 가자―같은 공상을 이야기하는 사람도 아니었습니다.

마르크스의 사후, 그가 전망한 대로 자본주의는 자본에 대한 '계획적 반작용'을 충실화하며 발전했습니다. 그리고 1917년 러시아 혁명을 통해 레닌 등이 수립한 정부는 8시간 노동과 사회 보장 확립을 선언하기에 이르죠. 얼마 후 레닌이 사망하고, 아직 러시아가 재정을 갖추지 못했던 탓에 충분한 대응이 이루어질 수는 없었지만, 이러한 자세는 자본주의 국가들에 큰 영향을 주었습니다. 일례로 1919년 독일에서 제정된 바이마르헌법에는 세계 최초로 국민의 '생존권'이 규정되었습니다. ILO(국제노동기구)가 창설되어 각국의 노동

조건을 보다 나은 방향으로 변화하려는 움직임이 활발해진 것도 1919년의 일이었습니다.

1936년에는 프랑스의 노동 운동이 재계와의 투쟁을 통해 세계 최초로 연 2주간의 유급 휴가를 쟁취합니다. 그리고 제2차 세계대전 이후 만들어진 UN은 노동자의 권리를 포함, 인권 옹호 활동을 국제적으로 진전시켰고, 오늘날에는 EU 국가들이 노동자·국민의 생활을 지키는 복지 사회 건설을 진행하고 있습니다.

이렇게 자본주의 발전의 실제와 이를 관통하는 논리 등을 거슬러 올라가다 보면, 앞서 소개한 BBC 설문 조사에서 자유 시장의 자본주의가 잘 돌아가고 있다는 응답(11퍼센트)보다 규제와 개혁이 필요하다는 응답(51퍼센트)이 훨씬 많았던 게 오히려 자연스러운 일임을 알 수 있습니다. 자본주의 발전이 여기까지 와 있는 단계에서 '신자유주의'적 개혁을 가하며 '규제 완화'(룰의 파괴)로 나아가고 있는 일본의 정치는, 그야말로 자본주의 발전의 역사를 거스르는 것입니다. '구조 개혁' 노선에는 미래가 없습니다.

BBC 설문 조사에서는 또한 자본주의가 '치명적 결함이 있으므로 새로운 경제 시스템이 필요하다'고 한 응답이 23퍼센트나 되었는데, 프랑스의 경우 특히 43퍼센트의 높은 비율을 보였습니다. 1936년 노동자가 재계와 '마티뇽^{Matignon} 협정'을 맺고 노동 조건 개선을 인정받은 이후 70년이 넘는 세월 동안 규제와 개혁이 끊임없이 이어졌음에도 불구하고, 최근의 금융 위기와 세계 경제 위기 같은 해악을 피할 순 없었던 거죠. 이렇듯 긴 역사적 경험 위에서 자본주의를 비판하는 프랑스의 수치는 중대한 의미를 지닌다 하겠습니다.

4.
성장은 부단한 노력으로부터

여기서 잠시 마르크스의 이론에서 한발 물러나, 그의 인생 이야기를 해 보겠습니다. 앞에서 저는 젊은 시절 마르크스가 이론적으로도 실천적으로도 급속한 성장과 변화를 보였다고 소개한 바 있습니다. 젊은 여러분들 중에는 스스로에게 자신이 없고, 제대로 된 어른으로 살아갈 수 있을지 불안해하는 분도 계실지 모릅니다. 하지만 괜찮습니다. 아직 여러분은 성장하는 중이고, 앞으로도 자신을 단련할 기회가 있으니까요. 문자 그대로 급속한 성장 과정이었던 마르크스의 인생이 그 표본이라 할 수 있습니다.

레닌은 《카를 마르크스》라는 책에 마르크스의 짧은 전기를 썼습니다. 그 내용에 기초해 마르크스의 인생을 소개하면 다음과 같습니다.

1842~43년에 마르크스는 혁명적 민주주의자로서 〈라인신문〉에서 활동했습니다. 이 시기 마르크스는 유물론적 견지를 확립하고 공산주의자의 길로 전진합니다.

　　1843~48년에는 파리와 브뤼셀에서 과학적 사회주의의 토대를 마련하는 작업에 매달립니다. 《신성 가족》을 통해 엥겔스와 공동 작업을 시작했고, 《독일 이데올로기》에서 사적 유물론의 기본을 마련하는 한편, 세계 최초의 공산당 강령인 《공산당 선언》을 써냈습니다.

　　1848~49년에는 유럽 혁명이 한창일 때 독일로 돌아가 〈신新라인신문〉의 편집장으로 혁명의 성공을 위해 논진을 폈습니다. 그리고 혁명은 성공하지 못했지만, 즉시 이를 총괄하는 《프랑스에서의 계급 투쟁》, 《루이 보나파르트의 브뤼메르 18일》 등도 썼습니다.

　　1848~64년에는 마지막 거처였던 런던에서 다가올 혁명 운동의 고양에 대비해 세계관을 마무리하는 한편 경제학 연구를 진행합니다. 《정치경제학 비판》의 〈서설〉과 〈서언〉을 썼으며, 당시의 국제 정치와 관련해 다채로운 정론 활동을 전개했습니다.

　　1864~72년에는 국제노동자협회(나중에 인터내셔널이 되는) 활동에 힘을 기울이며 《임금, 가격, 이윤》, 《자본론》 제1권,

《프랑스 내전》 등을 집필합니다.

국제노동자협회는 마르크스가 쓴 창립 선언과 규약을 만장일치로 채택했습니다. 하지만 국제노동자협회는 마르크스의 사상에 찬동하는 사람들의 모임이 아니었습니다. 다양한 부류의 노동 운동가·공산주의자가 참여한 가운데, 마르크스는 전체의 단결을 유지하면서 자신의 사고방식에 대한 이해와 공명을 확대하려 노력했을 뿐이죠. 그리고 이 활동은 1872년 중단되었습니다.

《자본론》의 직접적 과제는 자본주의적 생산 양식의 운동 법칙을 해명하는 것이었습니다. 1872~83년에는 《자본론》 전체를 완성하기 위해 거듭 노력하면서 각국의 노동 운동과 혁명 운동에 대해 조언합니다. 또한 《고타 강령 비판》 등의 주요 저작도 남겼습니다.

이렇듯 간단하게 살펴보더라도, 마르크스는 실로 격동의 삶을 살았습니다. 결코 쉽지 않은 나날이었죠. 하지만 이는 누구의 강요에 의한 게 아니었습니다. 17세 때 이미 자신의 행복과 사회의 행복을 합치시켜 인식한 것

나의 행복과
사회의 행복

처럼, 마르크스에게는 그런 삶이 자신의 방식에 충실한 길이 었습니다.

마르크스처럼 많은 것들을 이루기란 누구라도 어려울 겁니다. 하지만 부디 젊은 여러분께서 그의 인생에 가득 넘쳐 흐르던 큰 뜻과 휴머니즘을 현재와 미래의 삶에 참고해 주셨으면 합니다.

5.
마르크스가 벌떡 일어난다면

세계 경제 위기 —
① 과잉 생산 공황

　현대 세계의 문제에 대해 저보다 잘 이해하고 있는 마르크스의 눈을 빌려 볼까요.

　첫 번째로, 세계 경제 위기 문제를 살펴보겠습니다. 백수십 년 전 마르크스가 내놓은 경제학이 현대의 경제 위기를 파악하는 데 과연 도움이 될까요? 저는 상당히 된다고 생각합니다. 2008년 가을 이후의 경제 위기에 대해 사람들은 '100년에 한 번 있을 공황'이라고 하는데, 사실 이 공황이라는 것이 인간 사회에 처음으로 발생한 건 1825년 영국에서였습니다. 이후부터 반복적으로 일어나고 있고요. 주기적 공황이라는 이름이 붙은 것도 바로 이런 이유 때문입니다. 그러면 왜 하필 1825년 영국에서 공황이 일어난 걸까요? 영국은 최초로 산업 혁명을 이룬 나라로, 산업 혁명이 끝난 지 얼마 안 됐기 때문입니다. 봉건제의 뒤를 이어 발생한 자본주의에서 생산이 노자 관계 아래 놓이고, 기계제 대공업의 성립에 따라 자본주의 경제가 자신의 두 발로 일어서게 된 것이 산업 혁명입니다. 이때부터 주기적인 공황을 포함한 자본주의의 산업 순환이 시작되었습니다.

공황은 왜, 어떤 구조를 통해 일어나는 걸까요? 마르크스는 그 해명을 위한 큰 축으로서 경제학 연구를 심화했습니다. 그리고 이것이 주기적으로 발생하는 과잉 생산으로 인한 경제적 환란이라는 사실을 밝혀냈습니다. 여기서 과잉이란 사회적 필요에 따른 것이 아닙니다. 소비력에 대한 과잉입니다. 즉 어느 순간 자본이 사회의 소비력을 한참 뛰어넘는 양을 생산해 대량의 재고가 발생하는 거죠. 이에 따라 자본이 생산을 축소 · 억제하여 노동자를 해고하고 중소 자본에의 발주를 줄이는 것입니다.

실제로 이번 공황에서도 2008년 9월의 리먼 쇼크Lehman shock를 계기로 일본의 제조업이 일제히 비정규직을 대량 해고하고, 그것이 연말 히비야田比谷의 '연말연시 파견 마을'로 직결되었습니다. 노동자들이 일터에서 쫓겨나고 중소 자본이 경영 위기에 몰리면서 사회적 소비력도 점점 더 위축되죠. 그러니 재고가 쌓이면서 생산이 더더욱 축소되는 악순환에 빠져듭니다. 이것이 진상입니다.

마르크스는 이러한 분석을 ①공황의 가능성, ②공황의 원인·근거, ③공황의 운동론이라는 3단 구조의 이론에 기초해 진행했습니다. ①공황의 가능성이라는 것은, 화폐를 매개로 하는 시장 경제로는 구매와 판매가 언제나 일치할 거라는 보장이 없다는 무척 추상적인 수준의 논의입니다. ②공황의 원인·근거라는 것은, 각각의 자본이 자신의 돈벌이를 증대하기 위해 노동자의 임금을 억제하지만, 사회 전체적으로 보면 이 노동자야말로 최대의 소비자이므로, 바로 이 지점에서 어쩔 수 없이 생산과 소비 사이의 격차가 나타날 수밖에 없다는 논의입니다.

하지만 이것만으론 분석이 충분하지 않습니다. 한편으로 시장은 수요와 공급을 조정하는 능력이 있거든요. 시장의 움직임을 보면 공급의 조정(생산의 조정)은 충분히 가능하죠. 그럼에도 불구하고 대규모의 과잉 생산은 대번에, 그것도 주기

---

5 직장에서 쫓겨난 후 사원 기숙사에 머물 수 없게 된 비정규직 노동자들을 위해 일본의 시민 단체와 노동조합 등이 실행위원회를 조직, 2008년 12월 31일부터 2009년 1월 5일까지 도쿄도 치요다 구의 히비야 공원에 마련한 일종의 피난처. (─옮긴이)

적으로 발생합니다. 왜 그런지를 밝힐 필요가 있겠는데요. 이 문제에 주목한 것이 ③공황의 운동론입니다. 시장의 조정 기능이 왜 주기적으로 마비되는지 밝히고 있습니다.

　이 문제에 대해 마르크스는 ①생산 자본과 소비자 사이에 상업 자본이 끼어들어 생산 자본에 '가공의 수요'를 발생시키고, 상품 판매까지의 유통 과정을 단축시켜 상품이 아직 최종 소비자에게 넘겨지지 않았음에도 다음 생산을 촉진하는 역할을 한다. ②신용이 생산 자본이나 상업 자본에 대해 규모의 확대에 필요한 자금을 즉각 제공하는 힘을 갖게 된다. ③최종 소비가 세계 시장으로 확대됨에 따라 전체 소비 동향 파악이 더욱 힘들어진다는 각도로 분석을 진행합니다.

　쉽게 설명해 보겠습니다. 이를테면 제가 컴퓨터를 만드는 자본이라고 해요. 제가 제 가게에서 소비자들에게 직접 컴퓨터를 판매하면 판매량을 잘 알겠죠. 어떤 기종이 몇 대나 팔렸는지 말입니다. 재고가 늘어날 경우 생산량 조정도 어렵지 않고요.

　그렇지만 여기에 상업 자본이 끼어들면 어떻게 될까요? '제가 당신 대신 팔아 드리죠', '판매는 제가 프로거든요', '대신 제게 컴퓨터를 좀 더 싼 가격에 파시죠' 같은 말들을 할 겁니다. 여러분도 가전제품을 살 때 제조사에서 직접 구입하

지 않잖아요. 제가 사는 지역에서도 주로 요도바시카메라ㅋドバシカメラ라든가 야마다ヤマダ전기, 미도리덴카ミドリ電化 같은 판매 전문점들을 찾는 게 보통입니다.

이런 상업 자본은 서로 판매 경쟁을 반복합니다. 많이 파는 쪽이 이기는 승부예요. 그렇기 때문에 상품을 잔뜩 준비하고요. '지금 재고가 없다'고 하면 안 되니까요. 따라서 생산 자본으로부터 많은 물건을 구매합니다. 저한테도 마찬가지겠죠. 제가 갖고 있던 상품들은 모두 팔려 나가고 그만큼 현금이 들어올 겁니다.

그러고 나면 후지쯔나 소니, NEC 같은 생산 자본끼리의 경쟁이 일어나겠죠. 저도 불안할 테고요. 아직 상업 자본에게 넘긴 물건들이 최종적으로 팔리지 않은 상태이니 말입니다. 잘 팔릴 가능성도 물론 있습니다. 그럴 경우, 상업 자본으로부터 추가 구매가 있을지도 모르겠네요. 그러니 미리 상품을 준비해 두지 않으면 다른 생산 자본과의 경쟁에서 밀릴 수 있다는 생각에 결국 시장에서 팔릴지 여부와 상관없이 계속 다음 상품을 생산하게 되는 겁니다.

그러던 어느 날 상업 자본이 갖고 있던 상품이 남아도는 상황이 벌어집니다. 심한 경우 대량의 재고를 안고 있던 상업 자본이 경영 파탄을 맞는 일도 생기죠. 물건을 잔뜩 사다

놓고 팔지 못하는 겁니다. 과잉 생산이 나타나는 건데요, 그렇게 되면 저도 한동안 상업 자본의 주문이 없을 거라 판단해 급히 생산을 축소할 겁니다. 다른 생산 자본도 마찬가지겠지만. 이런 현상이 컴퓨터뿐만 아니라 자동차나 텔레비전 등 여러 상품에서 동시에 일어나면 한동안 대량 감원에 따른 급속한 경기 후퇴와 경제 혼란을 피할 수 없습니다. 이것이 바로 공황입니다.

하지만 이런 경기 후퇴가 일어나더라도 사회의 소비가 제로가 되지는 않습니다. 생활을 위해 누군가는 물건을 사니까요. 여기서 다시 시간이 흐르면, 저도 쌓아 둔 재고를 서서히 줄일 수 있겠죠. 이런 상황을 보면서 생산을 좀 늘려 볼까 하는 생각에 노동자를 새로 고용하고, 중소 자본에게 부품도 더 발주할 겁니다. 그러면 이것이 이번에는 사회의 소비력을 고양시켜 경기 회복을 촉진하는 힘으로 작용합니다. 그 힘은 완만한 상승 시기를 자본들 간의 경쟁이 급속히 과열되는 시기로 재차 이행하게 하고, 상업 자본이 자꾸만 생산 자본끼리의 경쟁을 격화시키게 만듭니다. 이런 과정을 반복하는 것이 공황을 포함한 자본주의의 산업 순환입니다.

세계 경제 위기 —
② 금융 위기를 계기로

그렇다고 이번 세계 경제 위기가 앞서 설명한 내용들과 완전히 똑같은 수순으로 일어난 건 아닙니다. 여기에는 새로운 특징이 있습니다. 일단 가장 다른 것은 과잉 생산이 이루어지는 방식, 시장의 조정 기능이 마비되는 경로입니다. 이번 세계 경제 위기의 경우, 금융 버블이 상업 자본의 움직임을 뛰어넘는 결정적 원인이었습니다.

이번 경제 위기는 서브프라임 모기지론sub-prime mortgage loan의 폭락과 그 배경이던 미국 주택 가격의 하락에서 시작되었습니다. 위기에 앞서 미국에서는 얼마간 주택 가격의 상승이 지속되었는데요. 미국의 거대 금융 기관이 이 상황을 이용하는 한편, 대자본과 대자산가의 자산을 운용해 돈벌이를 하려고 서브프라임 모기지론이라는 아주 위험한 상품을 만들어 냈습니다. 금융 기관은 그 위험성을 감추기 위해 서브프라임 모기지론을 다른 여러 금융 상품과 뒤섞거나, 완성된 복잡한 상품의 안전성을 주장하며 신용 평가사가 높은 신용 등급을 매기게 하는 등 온갖 속임수를 썼어요. 그렇게 이 상품이 판매되었습니다.

서브프라임 모기지론은 주택 가격 변화와 연동됐기 때문

에 미국의 주택 가격이 상승하는 동안에는 그 보유자에게도 이익을 주었습니다. 그것이 미국에 높은 소비력을 제공하기도 했고요. 그래서 자동차나 컴퓨터 등도 잔뜩 팔렸죠. 하지만 2006년·2007년에 주택 가격이 대폭 하락하기 시작합니다. 이에 따라 서브프라임 모기지론의 가치도 급속히 하락했고요. 결국 다들 이것을 내놓으려 하게 되었습니다.

당연히 가격은 더 빠르게 떨어졌죠. 서브프라임 모기지론의 보유나 매매로 발생한 이익은 사라져 버리고, 미국 전체의 높은 소비력도 상실되었습니다. 그러자 과잉 생산으로 생산과 소비 간 격차가 순식간에 크게 벌어졌어요. 이러한 위기 가운데 미국 최대의 자동차 자본인 GM이 경영 파탄을 맞아 국유화됩니다. 자산 운용 실패와 판매 부진이 원인이었죠.

이런 식으로 발생한 경제 위기였던 까닭에, 문제 해결을 도모하고 재발 방지를 위해서는 두 가지 과제—위기를 초래한 금융 기관을 사회가 통제할 수 있는 범위 안에 두고, 위축된 소비력을 회복하는 일이 필요했습니다.

그래서 미국의 오바마 정권이 투기를 규제하는 법률을 제정하고 노동자 감세를 실시한 겁니다. 또한 오바마 정권은 의료 보험 제도를 만들고 교육 지원도 진행했는데, 이것이 국민의 생활을 돕는 동시에 사회 전체의 소비력을 향상시키는 계기로 작용했습니다. EU에서도 헤지 펀드에 대한 규제가 시도되어 영국 등은 소비세를 내리기도 했죠. 다들 금융 위기와 과잉 생산, 두 가지에 모두 대처한 겁니다.

반면 일본의 위기 대책은 참담했어요. 위기가 확산되는 가운데 당시 아소 총리가 꺼낸 대책은 오히려 3년 이내에 소비세를 '증세'하겠다는 것이었습니다. 국민의 소비력을 파탄시킨 '구조 개혁' 노선의 전환은 전혀 고려되지 않았고, 이 점에서는 2009년 들어선 하토야마 정권도 마찬가지였습니다. 일본 재계의 무능력한 중장기적 경제 운영과 집권 여당의 무책임이 그대로 드러난 대목이라 하겠습니다.

미국발 경제 위기라고 하지만, 그 영향이 투기에 관여한 세계 각국으로 번지면서 일어난 미국, EU 등의 소비력 감소는 미국과 유럽 수출에 의지하던 나라들에게까지 심각한 영향을 미쳤습니다. 그 결과 미국 등의 경제 대국에 금융 규제 강화를 요구하는 국제적 여론이 강화되었고요. 다른 한편으로 이번 경제 위기에서 세계의 소비를

우리는 어떨까

지탱하는 데 큰 역할을 한 것이 중국과 독일 등입니다. 그런 경제적 역학 관계 변화가 G7에서 G20으로, 나아가서는 G192로, 세계 경제의 운영과 관리의 무대를 전환시키고 있는 겁니다. 지금까지의 대국 중심형大国中心型 경제 구조는 앞으로 더 크게 변화할 전망입니다.

지구 온난화 문제

또 한 가지, 환경 파괴와 관련해 지구 온난화가 중요한 문제가 되고 있습니다. 이산화탄소 등에 의한 온실 효과가 대기 중에 확산됨에 따라 지상에서 우주 공간으로 배출되어야 할 열이 지구 표면에 갇혀 전체를 덥히고 있는 것입니다.

이 이산화탄소는 언제부터 늘어난 걸까요. 자연 과학 분야에서의 연구에 따르면, 대체로 자본주의 성립기, 바로 산업 혁명 시기부터라고 합니다. 산업 혁명이라는 건 기계제 대공업이 성립된 시기인데, 당시 주 에너지원은 증기로써, 석탄을 태운 열로 만들었거든요. 이에 따라 이산화탄소 배출이 증가한 겁니다. 이후, 사람들이 석탄과 석유를 대량으로 소비하게 되면서 이산화탄소 배출은 더더욱 늘어납니다. 가솔린을 연소시켜 엔진을 가동하는 자동차도 석탄으로 움직이는 화차와 마찬가지 문제였던 거죠.

아무리 석탄과 석유 사용량을 줄이더라도 사용을 하는 한 이산화탄소는 계속 배출됩니다. 그러니 우선은 배출량을 줄여 가면서, 그 사이에 새로운 에너지원을 개발할 수밖에 없습니다.

그래서 1997년 교토에서 온실가스 배출 감축에 대한 국제 합의가 이뤄집니다. 바로 교토의정서입니다. 하지만 각국이 이를 실행에 옮기려던 참에 최대 배출국인 미국이(부시 정권 때였어요) 2001년 탈퇴해 버립니다. 세계 최대 규모의 미국 석유 산업계와 자동차 산업계가 영향력을 행사한 결과였는데요. 자본의 이해가 지구 환경 위에 군림하고 있던 겁니다. 미국이 그런 태도를 취하니 대미 종속적인 일본 정부와 재계도 문제에 대한 적극적인 대응을 피했고, 그 결과 일본은 국제 사회로부터 미국, 캐나다 등과 더불어 '세계의 화석'이라는 평가를 받기에 이릅니다.

교토의정서가 배출량 규제를 위한 기준 연도로 삼았던 1990년에 비해, 독일은 2008년까지 8.2퍼센트를 감축하는 실적을 올렸습니다. EU 전체적으로도 2007년까지 4.3퍼센트의 온실가스가 감축되었고요. 반면 같은 2007년까지 일본은 8.2퍼센트, 미국은 16.8퍼센트나 배출량을 늘렸죠. 같은 자본주의 경제 대국이라도 이런 격차가 존재하는 겁니다.

이 차이는 어디에서 비롯될까요. 이산화탄소를 대량으로 배출하는 것은 대자본이니, 정부가 그들과 대화해 배출량 규제를 합의·시행하려는 의지가 있는지 여부가 관건일 겁니다. 온실화 문제와 관련해서 부시 정권 당시 거의 아무런 대응을 취하지 않은 미국의 경우, 2007년 미국의 국제적인 위신 저하를 한탄하며 다양한 정책 전환을 촉구한 '스마트파워위원회' 보고서가 만들어지면서 정부의 태도가 도마 위에 올랐습니다.

그러나 교토의정서가 정해 놓은 기간 이후, 즉 2013년 이후의 감축량을 정하기 위해 개최된 COP15(2009년) 회의에서도 미국, 일본 등의 소극적 태도로 구속력 있는 감축 목표는 결국 정해지지 못했습니다.

이 문제에 대한 미국과 일본의 대응을 적극적으로 전환하기 위해서는 국민이 대자본을 견제하는 정치를 만들어 내야 합니다. '재계 중심'으로는 불가능하다는 이야기입니다. 이러한 측면을 보더라도 국민 다수의 합의에 따라 대자본의 이윤 제일주의를 규제하는, 자본주의의 건전한 발전을 위한 노력이 절실합니다.

이상, 제 나름대로 생각하는 마르크스의 시선에 따라 오늘날의 세계 경제 위기와 지구 온난화 문제를 살펴봤습니다.

여러분은 이런 문제 파악의 방식을 어떻게 받아들이고, 또 이런 문제를 안고 있는 세계에서 어떻게 살아가야겠다고 생각하셨나요? 하나같이 21세기의 세계가 직면한 중대한 문제잖아요. 아무쪼록 이에 대한 연구와 행동 방법을 탐구해 보셨으면 합니다.

6.
읽어야 열린다

    마지막으로 다시 한번 마르크스의 학습 방식을 이야기하고 싶습니다. 마르크스는 19세기 유럽의 인물이니 여러분은 시대적 배경이나 등장인물의 이름, 지리 등을 잘 모를 수도 있습니다. 하지만 번역서에는 대개 친절한 주석이 달려 있으니 귀찮아하지 말고 꼼꼼하게 읽어 보세요.

    21세기를 살아가는 우리 입장에서 마르크스를 읽는 자체가 목적이 될 수는 없을 겁니다. 그 목적은 어디까지나 우리의 지성을 연마하고 삶의 방식을 보다 충실하게 함으로써 더 나은 사회를 위한 노력의 방향, 혹은 힌트를 얻는 데 있겠죠. 그러니 보다 좋은 세상을 만들고 싶다—같은 자기 나름의 목적을 명확히 하면서 마르크스를 읽었으면 합니다. 단순히 '마르크스는 대단하다'는 걸 확인하는 데 그칠 게 아니라 '이런 마르크스의 시각에서 현대를 보면 어떨까'에 대해서도 생각하면 좋겠다는 이야기입니다. Ⅰ장의 마지막 부분에서도 말씀드린 것처럼 말이죠.

대학 수업에서 마르크스를 가르치는 건 무척 드문 일입니다. 그러니 수업에 기대하는 건 무의미하죠. 바로 이 지점에서 대학의 커리큘럼과는 별도로 자신만의 커리큘럼을 만들 필요가 있습니다. 젊은 시절의 마르크스가 그랬던 것처럼요. 대학 시절 공부의 절반은 일단 수업 내용으로 놓고, 나머지 반 정도는 자기 나름대로 정한 커리큘럼에 할애하면 좋을 겁니다.

그런데 혼자서 마르크스를 읽기란 쉽지 않잖아요. 따라서 같이 읽을 동료들을 만들 필요가 있습니다. 독서나 토론을 하는 사적인 모임에, 가급적 좀 더 일찍 공부를 시작해 어느 정도 진척된 상태인 선배를 참여하게 하면 더 좋고요. 물론 학내에 이미 존재하는 대규모 그룹이나 동아리에 가입하는 것도 좋은 방법입니다.

고등학교 때까지의 공부는 대체로 정답이 정해져 있어서 기억했다가 그대로 쓰기만 하면 되는 방식이 많았을 겁니다. 그러나 앞으로는 지식뿐만 아니라 스스로 생각하는 힘이 필요합니다. 그 힘을 기르기 위해서는 이 답이 진짜 맞을지 의

심해 보는 게 중요합니다. 선생님은 이렇게 말하지만 그게 정말일까, 텔레비전에서는 이렇게 말하는데 정말일까, 인터넷 뉴스에서는 이렇다는데 정말일까, 저 선배의 이야기는 어떨까, 그리고 마르크스는 이렇게 말했는데 올바른 이야기일까. 이런 사고야말로 소중하다고 할 수 있어요.

마르크스도 '모든 것을 의심하라'고 했는데, 이는 타인의 판단을 무비판적으로 수용하지 말라, 판단을 타인에게 위임하지 말라는 의미였습니다. 이런 배움의 자세를 의식적으로 체득해 둘 필요가 있습니다.

물론 고등학교 때까지 공부를 잘 못했거니 성적이 썩 좋지 않았던 분도 계실 겁니다. 하지만 솔직히 그때는 스스로 생각하는 힘을 요구받는 일이 거의 없었잖아요. 교과서나 참고서, 선생님의 판서나 나눠 준 프린트에 적힌 내용 등을 얼마나 많이 받아들여 기억하는지가 평가의 기준이니까요. 그러니 여러분 중 대다수는 '모든 것을 의심하는' 정신에 입각해 자신의 머리로 생각하는 능력이 미개발 상태에 머물러 있을 수밖에 없습니다. 앞으로 개발해야 하는 거죠. 따라서 지금까지의 학교 성적에 좌우될 것 없이 누구든 적극적으로 자신의 가능성을 믿으며 공부하시기 바랍니다.

마르크스는 서재에만 처박혀 지내는 사람이 아니었습니

다. 더 나은 사회를 위해 실제적으로 노력하는 가운데, 왜 사회가 생각대로 바뀌지 않는가, 무엇이 가로막고 있는가, 어떻게 하면 다음 한 걸음을 내딛을 수 있을 것인가를 고민하는—그런 체험이 연구의 진전에 큰 자극으로 작용했습니다. 이는 우리에게도 마찬가지일 겁니다. 왜 빈곤이 사라지지 않을까 하는 질문에 따라 실제로 행동하다 보면 이런 문제에 부딪히게 되어 있구나, 세상 사람들은 이런 것들에 대해 생각해 본 적이 있을까, 행정은 이런 태도를 취하고 있구나, 변화시키기 위해서는 어떤 노력이 필요할까 등의 수많은 문제와 직면할 거라는 이야기입니다. 그런 맥락에서 관심 있는 주제와 관련된 여러 사회·정치 활동에 나서는 일은 책상 머리 공부를 더욱 심화하는 중요한 원동력이 될 겁니다. 그러니 부디 여러분도 적극적으로 사회 참여 활동을 해 보시기 바랍니다.

이렇게 지내다 보면 수업, 아르바이트, 거기에 자신이 정한 커리큘럼에 따른 공부, 사회·정치 활동까지 하느라 엄청나게 바빠지겠지만, 사실 충실한 생활이란 바로 이런 거죠. 힘들지만 반드시 성장할 겁니다.

구체적인 공부를 위한 힌트

공부할 때는 일단 목표량을 확실히 정해 두는 게 중요합니다. 제가 대학에 들어간 무렵만 해도 세상을 적극적으로 바꾸려는 생각을 가진 선배들이 무척 많았습니다. 집회나 시위도 많이 하고, 다양한 단체들이 여러 가지 선전물을 나눠 주기도 했죠. 물론 선배에도 여러 타입이 있었지만, 개중에는 공부를 엄청나게 열심히 하는 사람도 있었어요. 두세 살 정도밖에 나이 차이가 나지 않는데 어쩜 저리 다를까 싶을 정도였습니다.

Ⅰ장에서 이미 소개한 바 있지만, 그 선배의 하숙집에 찾아가 보니 방 한 칸을 책장으로 가득 채우고도 모자라 방바닥에도 책이 산더미처럼 쌓여 있었습니다. 집주인이 옆방을 그냥 빌려주기도 했죠. 방바닥이 내려앉을 것 같으니 서고로 쓰라고요. 이 상황을 제 눈으로 직접 보고는, 와, 책을 읽으려면 이 정도는 해야지, 내가 과연 따라갈 수 있을까 하고 감탄하며 공부의 양이라는 것에 대해 구체적으로 생각할 수 있었습니다. 요즘 같으면 좀처럼 하기 힘든 경험이죠.

이와 관련해서, 여러분처럼 높은 뜻을 가진 학생들에게 저는 늘 한 해에 책장 한 개 분량의 책을 사라고 말합니다. 높이 180센티미터에 6단짜리 책장을 사면 한 단에 두꺼운 책이 30권 정도 들어가는데요. 이게 6단이면 180권이니, 대략 이틀에 한 권 정도의 책을 읽게 되겠죠. 그런 식으로 4년 동안 노력해 보라는 이야기입니다.

물론 쉽지 않겠죠. 하지만 적어도 이 정도의 실천은 해 보겠다는 의욕이 있어야 합니다. 모든 걸 그저 지금의 내 수준에만 맞추다 보면 크게 성장할 수가 없거든요. 언젠가 저 산에 오르고 싶다—학습에 있어서는 이런 높은 목표를 가져야 합니다.

그렇기에 책도 반드시 지금 읽을 수 있을 만한 것만 사는 게 아닙니다. 언젠가 제대로 소화하고 싶은 책을 입수해 두는 것이 중요하다는 말입니다. 당장은 어려울지 몰라도 언젠가 제대로 읽을 수 있으면 좋겠다는 생각으로 책을 사야 합니다. 그런 발돋움이 더 큰 사람을 만듭니다. '마르크스를 읽자'고 결심했다면, 가능한 한 전집을 손에 넣고 싶겠죠. 인터넷을 검색해 보면 수많은 중고 서점이 있을 겁니다. 책값이 그리 싸진 않지만 아르바이트비를 모으거나, 이를테면 제 경우처럼 서점에 잘 이야기해서 일단 책을 가져다 보고 나중에 비용을 지불하는 방법도 생각해 볼 수 있겠고요. 저는 대학교 3학년 가을부터 집에서 보내주시던 돈이 끊겼어요. 하지

만 아르바이트비를 받으면 곧장 자전거를 타고 교토의 중고
서점가로 향했습니다.

책을 읽을 때는 언제까지 다 읽을 건지 기한을 정해 놓는
것이 중요합니다. 예를 들어 수업이 끝나고 아르바이트가 시
작되기 전까지 1시간 정도 여유가 있다, 그럴 때는 그 1시간
동안 책을 몇 페이지 읽을지 정해 놓는 겁니다. 가령 60페이
지를 읽기로 했다면 2분에 한 번 페이지를 넘기게 될 텐데,
그 속도에 맞춰 눈과 머리를 움직이는 거죠. 그러면 집중력
훈련도 될 테고요. 완전히 이해할 때까지 다음 페이지로 넘
어가지 않는 독서 방식을 가진 사람은 결코 집중력을 높일
수 없습니다. 엄청나게 바쁜 와중에도 엄청난 양의 공부를
하는 사람이 있잖아요. 그런 게 가능한 사람들은 대체로 높
은 집중력을 갖고 있습니다. 필사적일 때 순간적으로 엄청난
능률을 발휘하는 경험을 여러분도 해 보셨을 겁니다. 이를테
면 시험 전날이라든가 말이죠. 이런 능력을 일상화하는 훈련
을 하는 거예요.

그리고 책을 읽을 때는 반드시 펜이 있어야 합니다. 중요
하거나 기억해야 할 부분, 혹은 이상하거나 틀렸다고 생각되
는 부분 등에 표시해 둬야 하니까요. 표시는 ○든 ×든 상관
없어요. 문장에 밑줄을 긋는 것도 좋고요. 그리고 가능한 한

본문 바깥쪽에 메모하고요. 뭔가 이상하다는 생각이 들면 × 표시를 한 옆에 이런 이유로 이런 점이 이상하다고 메모하고, 중요하다는 생각이 들면 ○ 표시를 하고, 이를테면 현대 일본의 이런 특성을 볼 때 중요하다는 식으로 메모해 두는 겁니다. 바쁘게 손을 움직여 이런저런 내용들을 메모하다 보면 머리도 함께 움직이게 돼요.

이런 방식으로 하다 보면 반복해서 읽을 만큼 중요한 책일 경우 페이지에 여러 표시와 메모가 남을 겁니다. 깔끔했던 신간이 숱한 나만의 흔적이 남아 있는 책으로 변해가는 거죠. 이것이 책을 확실하게 읽는 방법입니다. 늘어가는 메모는 책에 대한 이해가 깊어짐을 보여주는 지표입니다.

물론 언제 어디서든 곧바로 책에 집중할 수 있다면 좋겠지만, 머리를 '공부 모드'로 전환하는 데는 자신을 어떤 환경에 가두는 것도 좋은 방법일 수 있어요. 집에 있으면 이내 커피를 마시고 싶다든가 텔레비전을 보고 싶다는 생각이 들 수 있으니, 도서관이나 카페, 혹은 전차 안처럼 방해받지 않는 장소로 자리를 옮기는 겁니다. 도쿄에는 야마노테山手선이 있고, 오사카에도 순환선이 있어요. 전차를 타고 몇 바퀴를 돌든 누구도 뭐라 하지 않습니다. 어떻게든 읽어야 할 책이 있을 경우 책과 펜만 들고 전차에 몸을 실을 수도 있습니다. 오사카 순환선은 코스를 한 번 다 도는데 한 시간이 걸리는데요. 그 정도만 바짝 집중해도 상당히 두뇌 회전이 됩니다. 이 책은 이런 책이구나, 이런 식으로 읽으면 재미있겠구나 하는 방향 설정도 할 수 있고요.

그럼 공부할 시간은 어떻게 마련할지 이야기해 볼까요. 여러분은 대부분 다이어리를 갖고 있죠? 물론 정말 많이 바쁜 분도 계시겠지만, 여하튼 수업이나 아르바이트, 회의 등이면 몰라도 남는 시간에 뭘 할 건지를 다이어리에 써놓는 분은 아마 거의 없을 겁니다. 어째서일까요? 사실 그게 제일 중요한 시간인데 말이죠. 혼자만을 위해 할애할 수 있는 유일한 시간이라는 점에서요.

위에서 말한 다이어리는 이런저런 남는 시간이나 자유 시간을 어떻게 쓸 건지 계획하기 위해 필요합니다. 이 시간에는 이 책을 읽고, 다른 시간에는 저 책을 읽겠다, 오늘 이동하다 남는 시간에는 이 문제를 생각해 보고, 수업 시간에 짬이 나면 이렇게 요약정리를 해야지—하는 식으로 시간 운용에 사용되는 도구가 다이어리나 달력이거든요. 여러분도 이런 방법으로 다이어리를 사용해 보시기 바랍니다.

마르크스에
입문하려면

그럼 이제 정말 마지막으로, Ⅰ장에서 언급한 책들의 코멘트까지 포함해 참고문헌에 대해 이야기해 보겠습니다.

첫 번째는, 저도 집필에 조금 관여했던 책으로 마르크스의 전기와 《자본론》 제1권을 요약한 만화 《이론극화, 마르크스 자본론》입니다. 워낙 오래된 책이다 보니 그림도 좀 오래된 느낌이지만, 이론적으로는 정말 확실한 책이에요. 전기가 포함되어 있어 마르크스의 삶의 방식을 아는 데도 도움을 줍니다.

두 번째는, 후와 데쓰조 씨가 쓴 《마르크스는 살아 있다》(헤이본샤신서)입니다. 마르크스에 대해 이만큼 다면적이고도 깊이 있게 연구한 사람은 거의 없죠. 페이지 수도 그리 많지 않아요. 오사카 순환선을 타고 세 바퀴 정도 돌면 초심자라도 어떻게든 읽을 수 있을 겁니다.

세 번째로, 잡지를 정기 구독하는 것도 좋습니다. 이를테면 《게이자이》(신일본출판사) 같은 월간지를요. 그러면 과월호를 읽었는지의 여부와 상관없이 일단 매달 책이 배송되어 오기 때문에 어떻게든 독서를 할 수밖에 없어요. 전부는 아니지만 목차를 펼쳐 놓고 재미있어 보이는 부분만 읽는 식으로라도 말입니다. 매월 게재된 논문 1편만 읽더라도 1년이면 12편, 대학 4년 동안이라면 48편이거든요. 매월 2편씩이면 4년 동안 논문을 100편 가까이 읽는 거고요. 무시할 수 없는 분량이죠. 물론 잡지가 도착할 때마다 시간을 정해 어딘가에 틀어박혀 모조리 읽을 수도 있겠죠.

네 번째로, 마르크스에 대해 더 깊이 파고들려면 앞서 언급한 후와 데쓰조의《고전에의 초대》(신일본출판사)를 추천합니다. 마르크스와 엥겔스가 젊은 시절부터 세상을 떠날 때까지 남긴 대표 저작들을 쭉 따라가며 해설한 책인데요. 저작의 내용뿐만 아니라 시대적 배경, 마르크스·엥겔스의 정치 활동에 대해서도 잘 알 수 있어요. 다만 이 책은 상중하 세 권이기 때문에 모두 합치면 1000페이지가 넘습니다. 그래서 각오가 좀 필요해요. 그래도 정치 활동과 마르크스 연구, 두 분야의 '프로'인 사람이 마르크스의 모든 저작을 주도면밀히 살펴보며 썼다는 점에서 유례가 없는 책이니 엄청난 공부가 될 겁니다.

여러분, 아무쪼록 이제부터 내 진정한 지적 능력을 개발해야겠다, 나 자신을 크게 성장시켜 충실한 대학 생활을 해야겠다는 적극적인 자세로, 마르크스에 도전해 보세요.

학문의 즐거움

《자본론》의 재미

《자본론》의 골자를 요약한 텍스트(해설서)는 다양하게 출판되어 있습니다. 상품의 가격은 어떻게 정해지는가, 돈과 자본은 어떻게 다른가, 노동자의 임금과 자본의 돈벌이는 어떤 관계인가, 임금은 무엇이며 그 금액은 어떻게 정해지는가, 자본주의는 어떻게 발생·발전하고, 어떻게 미래 사회를 준비하는가, 생산 자본·상업 자본·은행 자본의 관계는 어떠한가, 토지 소유가 어떻게 지대地代를 창출해 내는가 등등, 많은 내용이 간결하게 정리되어 있습니다. 하지만 그렇게 간결하게 쓰인 텍스트는 각 요소의 결론 소개에 주안점을 두기 때문에 정작 왜 그것이 올바른지 살펴보는, 학문적으로 가장 중요한 생명이라 할 부분을 가볍게 다루는 경우도 적지 않습니다.

따라서 저는 이 책의 내용 대부분을 독자들로 하여금 궁극적으로 《자본론》 자체에 도전하도록 하겠다는 목표로 썼습니다. 만약 교사가 '이건 무조건 맞는 내용이니 의심하지 말고 외우라'고 한다면, 그저 그 텍스트만 읽으면 될지도 모르지요. 그러나 마르크스 사상은 과학입니다. 과학을 공부하기 위해서는 왜, 어떻게 그것이 올바르다고 할 수 있는지 하나하나 확인하는 작업이 필요합니다. 그러니 텍스트를 전부 읽는 것에 그치지 않고 마르크스, 엥겔스의 고전을 읽어야 하는 거고요.

그런 의미에서 보면, 제 학창 시절과 비교했을 때 요즘은 그런 입문 텍스트가 너무 적다는 생각이 들어요. 여러 종류의 입문서를 써 보는 자유분방함이 정작 학자들에게 필요한 일일지 모릅니다.

Ⅱ장에서도 하나의 예로 다룬 바 있지만, 《자본론》같은 고전을 공부하고 연구하는 건 최근의 경제 현상 연구와도 직결됩니다. 새로운 현실은 언제라도 새로운 연구를 필요로 하니까요. 앞서 언급한 《게이자이》에는 이런 연구가 매월 게재됩니다. 그리고 《자본론》 등이 밝힌 기초 이론과 새로운 연구 성과를 대조해 볼 필요도 있습니다. 그런 작업을 통해 기초 이론을 재차 검증하는 한편, 수정 보완의 필요성 여부를 밝힐 수 있기 때문입니다. 물론 이게 그리 간단하진 않지만요.

또 한 가지, 《자본론》과 현대의 관계를 살펴볼 때 저는 종종 재미있는 체험을 하는데요, 이것이 거시적이고 체계적인 이론일 뿐 아니라 그 안에 현대를 분석하는 무척 유효한 이론적 '조각'이 있기 때문입니다. 예를 들어 저는 《게이자이》에 〈인구 변동과 마르크스 자본주의 분석〉이라는 논문을 쓰면서 《자본론》이 자본주의와 인구의 관계를 어떻게 파악하는지 정리할 수 있었어요. 《전위》라는 잡지에 〈장기간 노동·여성 차별과 마르크스의 젠더 분석〉이라는 논문을 쓰면서는 《자본론》이 '노동자 가족의 구조를 어떻게 파악하고 있는가'에 대해 생각할 수 있었고요.

이런 경험들에서 꽤 강력한 '이론적 도구'를 찾아냈답니다. 그런 의미에서 《자본론》은 대단히 다면적인 생명력이 있다고 하겠습니다. 그러니 여러분도 나름의 독자적인 문제의식에 기초해 '조각'을 찾는 즐거움을 맛보시기 바랍니다.

자신의 머리로 얻은 결론

제가 대학에서 담당하는 3, 4학년 세미나의 메인 주제는 2004년부터 줄곧 '위안부' 문제입니다. 지도 학생들의 졸업 여행으로 한국에 갔을 때, '나눔의 집'에 들른 게 그 계기가 되었죠. '나눔의 집'은 제2차 세계대전 중 일본군에 의해 강제로 '위안부'가 됐던 피해자 분들이 생활하는 곳입니다. 그곳에는 일본군 '위안부' 역사관이 있는데, 당시 일본군이 나눠 준 콘돔 등 관련 사료가 잔뜩 전시되어 있었습니다. 그런 역사적 사실을 어느 정도 아는 상태에서 방문했음에도 가해 행위가 피해 여성들의 몸과 마음에 얼마나 심각한 상처를 줬는지 가늠조차 하기 힘들었어요. 문제의 심각성을 피부로 실감했던 거죠.

'나눔의 집' 방문을 마치고 떠나올 때 피해자 한 분이 웃는 얼굴로 악수를 청하셨는데, 감히 눈조차 마주칠 수 없었습니다. 저는 전쟁 당시 할머니들에게 엄청난 가해 행위를 저질러 놓고도 아직 사죄조차 제대로 하지 않은 정부를 유지시키는 주권자니까요. 그런 개인적 체험이 이 주제에 대한 공부의 출발점이었습니다.

이 공부의 구체적인 방식은 이미 여기저기에 소개한 바 있는데요, 일단 수업은 매주 월요일 3시부터 8시까지 다섯 시간 동안 진행됩니다. 어느 해에는 봄 방학 숙제로 《여기까지 알았다! 일본군 '위안부' 제도》(카모가와출판)와 《역사 교과서에 대한 의문》(전전사)을 읽고 내용을 요약하도록 했습니다. 전자는 구일본군이 저지른 일들을 고발하는 입장, 후자는 그것을 정당화하는 입장에서 '위안부' 문제를 논하는 책인데요. 이렇게 결론이 정반대인 책을 읽고, '자, 무엇이 진실일까', '다 함께 탐구해 보자'는 취지의 방법을 택했습니다. 공부하는 주인공은 어디까지나 학생들이니까요. 관련 영상도 많이 봤고요.

'여성들의 전쟁과 평화 자료관'이나 '쇼케이しょうけい관', '야스쿠니신사·유취관遊就館' 등도 방문합니다. 모두 도쿄에 있는데, 그중에서도 특히 '여성들의 전쟁과 평화 자료관'은 일본 유일의 '위안부' 문제 전문 자료관이에요. '쇼케이관'은 구일본군 상이군인들을 기록한 정부 시설이고, '유취관'은 메이지明治 이후 일본의 전쟁이 모두 정의로웠다고 강변하는 야스쿠니신사의 입장에서 전쟁의 역사나 전사자 위령 등을 전시하는 자료관입니다.

그리고 여름 방학에는 3박 4일간 한국을 방문합니다. 서울에서 버스로 1시간 반 정도 거리인 '나눔의 집'에서 피해자 분들의 증언을 듣고, 같은 장소에 있는 일본군 '위안부' 자료관을 견학하죠. 피해자 분들을 중심으로 서울의 일본 대사관에 항의하는 '수요 집회' 현장도 찾아가고, 일본 정부가 한반도 전체를 식민 지배했던 당시 기록을 전시하는 서대문 형무소 등도 방문해요. 꽤 빡빡한 일정입니다.

'이게 진실이다'라는 걸 제가 일방적으로 주입시키기보다 어디까지나 학생들 스스로 조사하도록 지도하고 있습니다. 그래야 자신들이 도달한 결론을 더더욱 강하게 확신할 테니까요.

학생들은 그런 과정을 통해 배운 것들로 함께 책⁶을 출판하거나, 각지에서 강연 활동—2007년에만 약 30군데에서 강연을 진행했습니다—을 벌이기도 합니다. '반일'이라고 비난받기도 하지만, 스스로 공부한 사실에 근거한 활동이니 학생들도 결코 위축되지 않아요.

심지어 주변 사람들에게조차 '대동아전쟁은 옳았다' 같은 소리를 듣는 등 수많은 갈등을 겪으며 성장합니다. 저도 모르는 사이 자기들끼리 그런 고민을 나누는 경우도 있는 모양이더군요. 동료들끼리 함께하는 공부를 토대로 서로의 삶의 방식에 대해서도 생각하면서 자연스레 화제가 많아진 거겠죠.

가능성을 믿으며, 재미있게

학문이란 본래 재미있는 것입니다. 재미가 있으니 열심히 공부하는 것이고, 그렇게 배운 내용들이 장래에 다양한 형태로 작용하면서 폭넓은 분야에 대한 사고로 이어지니까요. 그러니 부디 이거 참 재미있구나 하며 열중할 만한 주제를 찾으면 좋겠습니다.

그렇게 찾아낸 주제에 대해 1년 정도 시간을 할애해 졸업 논

---

6 그 결과 《일본군 위안부 문제(일본 여대생들은 어떻게 공부하고 느꼈는가)》(동문선, 2008)라는 책이 한국에서 번역·출판되기도 했다.

문을 쓰면서 학교생활을 총체적으로 마무리하는 겁니다. 그런데 이게 아주 좋은 두뇌 훈련 역할도 해요. 졸업 논문을 쓴 후에도 일이나 실생활에서 공부할 게 잔뜩 나타날 겁니다. 그렇게 여러분도 학창 시절뿐만 아니라 전 생애에 걸쳐 배움을 이어가게 될 거예요.

그런 점에서 자신의 성장 가능성을 함부로 제한하지 않는 것이 중요합니다. 여러분은 젊기 때문에 효율적인 노력을 거듭하면 얼마든지 성장할 수 있어요. 처음부터 '나한테는 무리'라며 가능성을 짓눌러선 안 됩니다. 고등학교 시절 그리 뛰어난 학생이 아니었던 저도 이렇게 대학에서 학생들을 가르치고 있잖아요. 아무쪼록 이 점을 유념하길 바랍니다.

그리고 미래에 대해 생각할 땐 어떤 어른이 되고 싶은지 그 구체적인 상을 정해 두면 좋습니다. 이를테면 '저렇게 되고 싶다'는 생각이 드는 사람을요. 그래서 그 사람의 인생에 관심을 갖고, 18세에 그 사람은 무엇을 했을까, 또 20세에는 무엇을, 하는 식으로 조사하면서 그것을 단순히 좇는 데 멈추지 않고 뛰어넘을 수 있도록 노력하는 겁니다. 그러다 보면 목표에 가까워지기 위해 필요한 노력의 방법도 명확해질 테고요.

젊은 여러분에게 다양한 가능성이 있다는 걸 잊지 마세요. 그 가능성을 믿고 열심히 공부하시기 바랍니다.

Ⅲ.
좀 더 들어가 볼까?

2012년 12월 28일, 저는 처음으로 제 지도 학생들과 함께 마르크스를 읽었습니다. 이번에 소개할 것은 그 학습회의 풍경인데요. 함께해 준 친구들은 '마르크스는 태어나서 처음'이라는 3학년 후쿠다 에리나福田えりな, 키타 유코喜多裕子, 하토오카 유코波戸岡優子 세 사람입니다. 텍스트는 '어차피 읽을 거라면' 하는 심정으로 난관 중의 난관, 《자본론》을 선택했습니다. 다만, 범위는 제1권 제1장 제1절만. 완전 첫 부분이죠. 일단 미리 읽어 오도록 했고요. 그럼 지금부터 이 책의 '체험판'을 재미있게 읽어 보세요.

다이아몬드는
비싸잖아요

이시카와   《자본론》은 마르크스가 쓴 제일 큰 책입니다. 그래서 이 신일본출판사 판은 무려 13권이 한 질이에요. 오늘은 그중 첫 번째 한 절만 읽읍시다. 그럼 먼저 읽어 본 감상부터 얘기할까요.

후쿠다   편의점에서 상품을 볼 때 그걸 만든 사람의 노동을 생각해 본 적 없었어요. 그런데 마르크스를 읽으면서 노동이나 상품의 교환이 가치에 근거해 있다는 것도 알게 되고, 매일 당연하게 여겼던 것들을 여러 가지로 생각해 보는 기회였어요.

이시카와   쉽게 읽히던가요?

후쿠다   그냥 이해되는 부분을 중심으로 휘익 한번….

하토오카   그래도 앞부분이 어렵지 않아요? 가치라든가 생산력이라든가 그런 단어가 잔뜩 나오는데, 좀 혼란스럽더라고요.

키타   처음에 앞부분을 읽다 '무리구나' 싶어 그만뒀었는데, 오늘 다시 읽어 보니 후반에 구체적인 예가 나오더라고. X나 Y 같은 걸로 예를 들어 주는데 꽤 재미있었어요. 한 시간 정도 읽었나.

이시카와　재미있다는 생각이 드는 부분은 있었어요? '오호!' 하면서 읽었던 부분이라든가?

후쿠다　69페이지에 보면 '한 상품의 가치가 갖는 크기는, 그 상품에 실현된 노동의 양에 정비례하고, 또한 그 노동의 생산력에 반비례해 변동한다.' 이 부분, 재미있지 않나요?☺

키타　아, 그거 알아요.

후쿠다　다이아몬드는 비싸잖아요. 그런데 막상 왜 비쌀까 생각해 보면… '그야, 비싸니까' 하는 말밖에…. ☺ 그런데 쭉 읽다 보니 '노동의 양에 비례하는 거구나', '오오' 하면서 머릿속에서 싹 정리돼서 재밌더라고요.

이시카와　흠. 납득이 되더라는 말인가요? 노동의 양이 많은 상품은 비싸고, '이 정도야 뭐' 하면서 간단히 만들 수 있는 건 싸다는 게.

하토오카　납득이라기보다 타당하다고 할까요? 만든 사람의 임금도 필요하니까 만드는 데 많은 사람이 관여할수록 상품 가치가 비싸지는 건 당연하지 않나요?

이시카와　당연하다고요?

하토오카　…그런 것 같은데요. ☺

아… 안 돼,
수학이다!

이시카와 키타 씨가 X나 Y 같은 걸로 예를 들어 주는 부분이라고 한 건, 62페이지에서 '1쿼터의 밀'을 예로 드는 부분 말이죠?

키타 밀이라면 상상하기 어렵지 않으니까 머리에도 쉽게 들어오는 게, 아, 알 것 같다 싶더라고요. 🐢 그러다가 63페이지로 들어가니 다시 어려워졌지만.

후쿠다 여기 '제3의 것'은 뭘까요?

키타 밀과 철의 교환이 가능하다고 했을 때, 이 두 가지 사이에 '같은 크기의 공통물이 … 실재한다', '따라서 양자는 그 자체로서는 한쪽과 다른 한쪽에도 없는 어떤 제3의 물질과 같다'는 이야기는, 이를테면 목탄이나 견직물 같은 걸 의미하나요? 아니면 X량의 목탄이라든가 견직물 사이에 있는 뭔가를 말하는 건가요?

하토오카 뭔 소린지 하나도 모르겠다…. 🐢

이시카와 그건 나중에 나오는 가치에 대한 이야기랑 연결되는 거 아닐까요?

키타　　　　이 다음은 진짜 모르겠는데요. 삼각형이 어쩌고 하는 순간 '으아, 안 되겠다' 하고….☺

이시카와　　삼각형이 왜요?

키타　　　　'아… 안 돼, 수학이잖아' 했어요. '밑변×높이÷2'에서 '으악'!☺

이시카와　　초등학교에서 배운 거잖아요!☺

키타　　　　죄송합니다아.☺

하토오카　　정비례, 반비례 나오는 부분도 전 잘 모르겠던데요.

이시카와　　그건 노동의 양과 상품 가치의 관계를 이야기하는 건데, 이를테면 노동의 양이 2배가 되면, 가치는?

하토오카　　2배가 되죠.

이시카와　　그게 정비례고. 그럼 반비례는?

키타　　　　2분의 1?

이시카와　　그렇죠. 이제 이해가 되나요?☺

하토오카　　납득이라 말하기 이전의 문제라고요.☺ 죄송합니다.

키타 중학교에 들어가면서 이제 수학은 포기해야겠다고 생각한지라….

이시카와 흠. 그랬군요. 그래서 '밑변×높이÷2'에도 '헉'?

키타 '아, 뭐지 이거?', '잘 모르겠는데' 하는….

이시카와 여기 '직선형의 면적을 측정해서…' 부분에 보면, '직선형'이라는 말이야 잘 쓰지 않지만, 직선으로 그려진 도형 있잖아요? 사각형이라든가 오각형 같은. 그 면적을 잴 때는 일단 선을 그려서 전부를 삼각형으로 나누면 삼각형의 면적은 '밑변×높이÷2'로 잴 수가 있으니까, 그걸 기준으로 하면 오각형이든 칠각형이든 면적을 알 수 있다는 이야기 아닐까요? 삼각형의 면적으로 환산하면 어떤 도형이라도 비교가 가능하다는….

하토오카 흠….

'내게는 가치가 없다'?

이시카와 1절 전체에서 얘기하는 내용은 이해들 한 건가요?

하토오카 유용물有用物이 아니라면 사물의 가치는 성립하지 않는다…인가요?

이시카와　그게 구체적으로 뭘 말하는 걸까요?

하토오카　네?… 그러니까… 유용하다는 게… 무슨 뜻일까요? 😅

후쿠다　도움이… 된다는…?

하토오카　일단 1절의 표제로 '사용 가치와 가치'라 쓰여 있고. 60페이지에 보면 '유용성은 그것을 사용 가치가 되게 한다'라고 되어 있는데….

이시카와　여기 보니까 그 양쪽을 다 가진 게 상품이라고 했네요. 그럼 이 두 가지를 갖추지 못한 건 상품이 아니라는 이야기일까요?

후쿠다　사용 가치가 없으면 가치도 없다는 건가요?

이시카와　음, 그럼 사용 가치가 없다는 건 또 무슨 소리지?

후쿠다　도움이 안 된다…? 😅

이시카와　그럼 가치가 없다는 건?

키타　'갖고 싶지 않다'는 말일까요? 편의점에서 파는 표고버섯 있잖아요. 전 그거 엄청 싫어하지만, 다른 사람들한테는 가치 있는 거 맞죠? 그런데 저한테는 아무런 가치가 없고…. 😅

이시카와 표고버섯.☺ 자, 그럼 키타 씨는 표고버섯의 어떤 점이 그렇게 싫은 거죠? 사용 가치와 가치의 측면에서 말해 볼까요?

후쿠다 그렇게 말씀하시니까 또 사용 가치와 가치의 차이가 뭘까 하는 생각이 드는데요.

이시카와 그래요, 그게 바로 근본적인 문제죠.☺

후쿠다 그럼 이를테면 주스의 사용 가치와 가치는 뭘까요?

이시카와 사용 가치라는 건 유용성을 말하는데. 주스는 어떤 면에서 도움이 되죠?

후쿠다 마시면 힘이 나잖아요.☺ 덧붙이자면, 오늘도 힘내자 하면서… 뭐 그렇게 마실 수 있다는….

이시카와 그렇겠네요. 마셔 보면 맛있다든가 갈증이 풀린다든가 혹은 힘이 난다든가. 그거 말고 다른 가치는 뭐가 있을까요? 주스의 가치.

후쿠다 마실 수 있다는 거랑은 별개로 말이죠?

이시카와 마실 수 있다는 건 사용 가치고요. 1절밖에 안 읽었으니까 아직 내용이 안 나왔지만, 실은 좀 더 읽어 보면 뒤에 상품의 가치에 대한 이야기가 나와요. 가격에 관한 거 말이죠. 그래서 가치의 이야기는 결국 가격에 대한 이야기랑 연결돼요. 100엔, 200엔 하는 가격의 근본에 있는 것이 가치라고 마르크스는 생각했거든요.

후쿠다　이를테면 그래서 이 주스는 120엔이라든가, 뭐 그런 이야기인가요?

이시카와　그래요. 그러니까 상품이 사용 가치와 가치를 갖고 있다는 건, 요컨대 사람에게 도움이 될 만한 어떤 성질과 가치가 있다는 거죠. 보통 일본어에서 '가치'는 여러 의미로 쓰이니까 '표고버섯은 나한테는 가치가 없다'고 말할 수도 있지만, 그 표고버섯에도 가격은 매겨져 있죠. 마르크스는 이 가격의 근거가 되는 걸 가치라 불렀어요. 무슨 말인지 잘 전달된 건가요?☺

일동　예.

교환 가치로서는
서로 양이 다를 뿐

하토오카　어느 부분이지…? 사용 가치가 없는 상품은 가치도 사라진다고 쓰여 있었는데….

이시카와　사용 가치가 없어지면, 이미 가치를 매길 수도 없어진다는 이야기인가요? '이제 이 물건은 가격을 매길 수 없습니다.' 편의점에서도 이런 일이 일어날 수 있을까요?

하토오카 팔다 남은 도시락의 유통 기한이 지나 버렸다든가….

이시카와 그렇지, 유통 기한이 지나면?

후쿠다 상하겠죠.

하토오카 쓰레기가 되잖아요. 상품에서 쓰레기가 되는 거죠.

이시카와 쓰레기라는 말은 좀 심하고.😊 뭐, 더 이상 맛있게 먹을 수 없게 된다는 거겠죠? 그 순간 도시락은 팔 수 없는 물건이 돼서 가격을 매길 수 없게 되죠. 도시락을 만들기 위한 노동은 제공됐지만, 이미 그 노동에 가치를 매기기 힘들다는, 그런 말이에요.

하토오카 64페이지에 나오는 사용 가치와 교환 가치에 대한 내용을 잘 모르겠더라고요. '사용 가치로서의 상품은 우선 질적 측면에서 상이하지만, 교환 가치로서는 양적인 측면에서밖에 차이가 없다'….

이시카와 아, 그건 말이죠. 여러 상품을 비교해 보면 사용 가치로서는 질적 차이가 있다. 이건 무슨 의미일까요?

후쿠다　일단, 엄청 잘 지워지는 지우개랑 잘 안 지워지는 지우개는 질이 다르잖아요.

이시카와　뭘 군이 같은 지우개를 그렇게 비교하고. 😊 그런 것도 좋지만, 예컨대 샌드위치, 지우개, 볼펜, 노트, 아이스크림 등 물건으로서 질이 다르다는 이야기잖아요. 자, 그럼 후반부의 '교환 가치로서는 양적인 측면에서밖에 차이가 없다, 따라서 사용 가치를 조금도 포함하지 않는다'라는 건 무슨 의미일까요?

하토오카　금액이 다를 뿐이라는 말인가요?

이시카와　그렇죠. 가치를 기준으로 보면, 질적으론 마찬가지고 양적인 측면에서만 다를 뿐이라는 이야기죠. 샌드위치와 지우개는 물건으로서의 질은 다르지만 가치를 기준으로 보면 결국 어느 쪽이 비싼지 싼지는 양적인 차이에 따른다는 거죠.

하토오카　아, 알 것 같아요!

'사상捨象'과
'추상抽象'

이시카와　65페이지 가운데 부분에 '추상적 인간 노동'이라는 말이 나오죠.

키타   못 본 척하고 있었는데…. 😊

하토오카   저도 이 부분이 궁금했는데, '추상적'이라든가 '사상'이라는 표현이 나와서 사전을 찾아보니 거의 같은 의미더라고요. 그런데 왜 굳이 다른 말을 쓰는 걸까요?

이시카와   '사상'이라는 말에는 버린다는 의미의 한자가 쓰이죠. 이 측면은 일단 버려두자, 나중으로 돌리자, 이런 식으로 머릿속에 조작을 가하는 거거든요. 그래서 이를테면 '상품의 가치에 대해 이야기하자, 그러니까 일단 사용 가치에 대한 부분은 사상하자'는 표현을 쓰는 거죠. '추상'이라는 건 반대로 어떤 면을 머릿속에서 뽑아내는 거예요. 그러니까 '상품에서 가치의 면을 추상한다'면 가치의 면만 끄집어내서 보자는 이야기죠. '사상'은 버리는 것, '추상'은 끄집어내는 것, 둘 다 중요한 부분에 의식을 집중하기 위한 조작을 의미하지만요. 어떤 의미에서 같은 말의 겉과 속 같은 겁니다.

하토오카   뭔가 괜찮은데요. 😊 지금 설명….

일동   하하하!

이시카와   자, 그럼 다시 앞에서 말한 추상적 인간 노동으로 돌아가 보자고요. 64페이지 뒷부분. '상품의 사용 가치를 무시하면, 상품 자체에 한 가지 속성, 즉 노동 생산물이라는 속성만이 남는다. 하지만 노동 생산물은 이미 우리의 손에서 변화해 있다. 따라서 만약 우리가 노동 생산물의 사용 가치를 사상한다면, 우리는 노동 생산물을 사용 가치로 하는 물체의 성분과 형태 또한 사상하는 것이다.' 이게 무슨 말인지 알겠나요?☜

후쿠다　노동 생산물을 사용 가치로 하는 성분이란, 유용성을 만드는 성분을 말하는 거죠?

이시카와　그래요, 그것을 사상한다고 쓰여 있죠. 그렇게 하면 '그것은 이미 책상, 집, 실※ 또는 그 외의 유용물이 아니다. 그 감각적 성질이 모두 지워져 있기 때문이다.'

후쿠다　사용 가치를 버리면 사물 자체를 버리는 거나 마찬가지다.

이시카와　음… 사물 자체라… 좀 더 뒷부분을 읽어 볼까요. '그것은 이미 일정한 생산적 노동의 생산물이 아니다. 노동 생산물의 유용한 성격과 더불어… 노동의 유용한 성격이 사라지고, 이에 따라 노동의 여러 구체적인 형태 또한 사라져… 모두가 동등한 인간 노동, 즉 추상적 인간 노동으로 환원된다.'

후쿠다　짧게 이야기하면 '만약 우리가 노동 생산물의 사용 가치를 사상한다면' 추상적 인간 노동으로 환원된다는 이야기네요.

이시카와　네, 그것에 포함되어 있는 노동이 말이죠.

하토오카　유용한 성격이 사라지고 구체적 형태도 사라진다는 건, 그 부분에 대해 생각하지 않는다는 건가요?

이시카와　네. 머릿속에서 사용 가치를 사상해 버린다는 의미죠. 그렇게 하면 녹색의 액체라든가 페트병이라는 구체적인 모습이 사라지니까. 하지만 그렇게 하더라도 거기에는 가치가, 다시 말해 이를 만들어 내는 어떤 상품에도 공동의 노동이 남아 있다는 거예요.

'환원'은 캐시백?

후쿠다　'환원'은 무슨 의미인가요?

하토오카　캐시백 같은 거죠?

이시카와　그렇죠, 고객 감사 세일 비슷한. 😁 사전에는 '사물을 이전의 형태나 원래의 상태로 되돌리는 것'이라고 했어요. 그렇게 보면 여기서의 환원이란 추상적 인간 노동이라는 '사물의 형태'로 되돌리는 걸 의미하겠죠.

후쿠다　'즉'이라는 표현이 나오니까 '동등한 인간 노동'과 '추상적 인간 노동'이 같은 의미라는 거죠? '동등한 인간 노동'이 더 쉬운 개념 같은데.

하토오카　차를 수확하는 사람과 빵 사이에 뭔가를 넣어 샌드위치를 만드는 사람은 노동하는 방식이 다르잖아요. 그런 노동의 구체적인 모습이 사라지면, 둘 사이의 구별이 불가능해진다는 거죠.

후쿠다　예를 들어 다이아몬드를 캐서 세공하는 일은 무지 힘들지만, 미네랄워터는 물을 퍼 올리기만 하면 되잖아요. 그런데 그 사용 가치, 유용성이 없어지면 그런 차이도 사라진다는 말인가요? 아, 아닌가? 다이아몬드에 흠집을 내면 사용 가치가 사라져서 반지에 쓸 수 없게 되고, 그러면 그 노동의 의미도 사라진다는? 아… 어렵다. 🙂

이시카와　방금 한 이야기의 뒷부분은 유통 기한을 넘긴 도시락에 노동의 가치를 매길 수 없다와 같은 이야기인데, 일단 앞부분은 좋은 설명이네요. 다이아몬드를 만드는 노동과 미네랄워터를 만드는 노동의 차이가 사라진다. 다만, 여기서는 아직 노동의 양에 대한 이야기가 나오지 않았죠. 차이가 없는 노동이란 뭘까 하는 이야기.

노동 자체도 사라졌다?
그리고 멘붕

하토오카   여기서는 차를 만들고, 저기서는 빵을 자르더라도 시급은 같으니까 같은 인간 노동이라 할 수 있다는 걸까요?

이시카와   그럴 경우, 같은 시급으로 계산되는 노동은 어떤 노동을 말하는 걸까요?

후쿠다   일을 한다는 '것'…?

이시카와   아, 그건 무슨 말이죠?

하토오카   어? 이해할 것 같기는 한데. 이를테면 시급 800엔에 같은 일을 하면 800엔이 남는다는 생각이 머리를 스쳐요. ☺ 그렇게 해서 남는 것이 노동에 대한 대가인 거죠?

이시카와   자, 그럼 노동 자체는요?

하토오카   그건 남지 않죠.

이시카와   사라져 없어진다? 그래도 잡지가 200엔, 볼펜이 2자루 200엔이면 같은 거잖아요. 뭐가 같다는 거죠?

하토오카   예? 다시 한번만 말씀해 주세요. ☺

이시카와   우리가 편의점에서 잡지를 사고 200엔을 내잖아요,

볼펜도 두 자루에 200엔을 내고. 즉 같은 가치를 인정하는 거죠. 이건 얼마, 저건 얼마 하면서 모두 같은 기준으로 값을 매기고 있다는 이야기죠. 그렇게 보면 100만 엔짜리 다이아몬드와 100엔짜리 미네랄워터 1만 병은 '같은' 거죠. 마르크스는 이 '같음'의 내용을 구성하는 것이 '동등한 인간 노동' 아니겠냐고 쓰고 있고요.

하토오카 아, 어려워요. 멘붕! 😅

아르바이트에 공통되는 것은 '노력하는 것 자체'

하토오카 제가 보습 학원에서 시험지를 채점하고, 테니스용품점에서 라켓에 줄을 끼우는 아르바이트를 하거든요. 😅

이시카와 서로 질적인 차이가 있는 노동이네요. 라켓에 줄을 끼우는 것과 ○× 표시를 하는 구체적인 모습이 사라지면 '나'의 노동에 무엇이 남을까요?

후쿠다 자, 열심히 하자는 기분? 피와 땀과 눈물. 피를 흘리는 것까지는 아니지만, 노력하는 것 자체? 😅

이시카와 그래요, 노력하는 것 자체. 채점할 때도 노력하고, 라켓에 줄을 끼울 때도….

후쿠다 맞다! 그 정도 시간이 있다면 다른 일을 할 수가 있지!

하토오카, 키타 이를테면요?

이시카와 아냐, 그러니까.☜ 시간이 없으니 이 이야기는 이쯤 해 두죠. 1절만 읽는 걸로는 이해하기 힘들지도 모르겠지만, 마르크스는 2절에서 노동에 대한 이야기를 하고 있어요. 거기 보면 같은 개인의 노동도 여러 형태를 취하는 경우가 있다면서 다양한 형태의 '노동'의 근본은 '인간의 뇌수, 근육, 신경, 손 등의 생산적 지출' 또는 '생리학적 의미'에서의 노동이 아니겠느냐고 말하죠.

일동 아….

이시카와 결국 일하기 위한 에너지의 지출이랄까. 그 에너지의 내용은, 현대 의학의 관점에서 표현하면 좀 다른 말이 될지도 모르지만, 여하튼 중요한 점은 이것이 현재 상상이 아닌 실재라는 사실이죠. 그것이 상품에 들어가 있다는 거예요. 그런 의미에서 '노력하는 것 자체'라고 한 후쿠다 씨의 표현은 적절했다고 볼 수 있고요.☜

추상적
인간 노동의 양

이시카와　자, 그럼 추상적 인간 노동의 양은 어떻게 따져 볼 수 있을까요?

하토오카　노동 시간의 길이로? 69페이지에 '노동의 생산력이 작으면 작을수록, 어떤 상품의 생산에 필요한 노동 시간은 그만큼 길고, 그 가치 또한 커진다'라고 했으니까요.

이시카와　그렇죠. 그 문장은 같은 상품의 가치도 올라가거나 내려갈 수 있다는 이야기인데, 그럼에도 가치는 노동 시간을 기준으로 가늠할 수 있다고 했죠. 하지만 그렇다고 해도, 바짝 일하는 1시간과 뭐 이제 점장도 없으니 '대충' 하는 1시간을 같은 선상에 놓고 비교할 수가 있을까요? 🤭

후쿠다　그렇죠. 그냥 쉬엄쉬엄 하는 게 이득 아닐까요. 🤭

이시카와　그러니까 최근 막 일을 시작한 사람과 그 방면에서 '외길 20년'을 걸어온 사람의 노동 시간을 동일하게 봐도 과연 괜찮을까요? 실제로 누가 만드나 마찬가지인 샌드위치는 같은 값에 팔리지만 말이에요. 이 부분에 대해 마르크스는 어떻게 생각할까요?

후쿠다　평균을 내지 않았나요?

하토오카 맞아요. 평균 노동력에 대한 내용이 있었죠.

키타 '사회적 평균 노동력.'

이시카와 66페이지 가운데 단락. '사회의 총 노동력은 무수한 개별 노동력으로 이루어진 것이지만, 여기에서는 동일한 인간 노동력으로 통용된다. 개별 노동력은 각각 하나의 사회적 평균 노동력이라는 성격을 지니며, 사회적 평균 노동력으로 작용함에 따라 하나의 상품을 생산하는 데 평균적으로 필요한, 혹은 사회적으로 필요한 노동 시간이 전제되는 이상, 다른 노동력과 같은 인간 노동력이다.'

후쿠다 한 사람 한 사람의 각기 다른 노력의 정도에 따라, 다른 기술에 따라 노동하더라도, 똑같은 것으로 간주된다는 말일까요? 같은 인간 노동으로?

이시카와 그렇죠. 어떤 상품이든 '사회적으로 필요한 노동 시간'이 투입된 것으로 '통용된다.'

1절 읽기를
마치며

이시카와 이제 점심시간이니 그만하죠. 다들 읽어 본 감상이 어때요?

하토오카　　처음에는 어렵다고 생각했는데, 생활과 밀접한 이야기나 구체적인 예도 있어서 이해하기 쉬웠어요.

키타　　노동이라는 말을 보니 아르바이트 생각이 나더라고요.

후쿠다　　혼자 읽었으면 착각했을 만한 부분도 있었는데, 선생님이 가르쳐 주셔서 다행이었습니다.

이시카와　　《자본론》은 이야기 서술 순서가 잘 정리되어 있는 데다 분석적이니까, 이런 기세면 13권을 다 읽을 수도 있으려나?

하토오카　　예에?!

이시카와　　아니 뭐, 꼭 공부 모임을 하자는 건 아니고요.

하토오카　　아아, 다행이다. 😊

키타　　앞에서 선생님이 '이 내용은 2절에 쓰여 있다'고 하셨잖아요. 그 이야기를 들으니까 좀 더 읽어 보면 오늘 읽은 범위를 더 잘 이해할 수 있지 않을까 하는 생각도 들었어요.

이시카와　　네, 그런 내용이 많이 있죠.

키타　　그 말씀을 들으니 아주 조금이지만, 읽어 보면 재미있을 것 같다는 생각이 드네요. 그래도 역시 쉽지 않을 것 같지만. 😊

학습회를
돌아보며

　이상 학습회 풍경이었습니다. 다 같이 마음껏 웃어 본 즐거운 시간이었어요. 학생들도 제 예상보다 훨씬 성실하게 읽어 주었고. 무려 《자본론》을 말이죠. 아르바이트라는 노동 체험이 문제를 구체적으로 생각하게 하는 좋은 재료가 됐습니다.

　앞에서 보셨다시피 '사상'과 '추상'이 화제가 되면서 이런저런 것들을 생각해 볼 기회도 있었죠. 학생들도 텔레비전이나 컴퓨터를 통해 버추얼virtual한 정보를 접할 기회야 많지만, 이렇게 직접 머리를 써 가며 습득한 경험은 그리 많지 않았던 모양이더군요. 하지만 경험이 없다고 '할 수 없'는 건 아니죠. 그러니 다들 재미있게 도전할 수 있었고요. 특히 세 사람의 학생들이 모여 편안하게 수다 떨듯 이야기할 수 있었다는 점이 좋았던 것 같네요.

　《자본론》은 두꺼운 책이지만, 계속 읽다 보면 동기를 유지하며 공부할 수 있답니다. 책의 내용 자체도 누가 길 안내만 해 주면 각자 진도를 나갈 수 있고요. 아무쪼록 여러분도 이런 학습회의 기회를 가져 보셨으면 좋겠습니다.

　그럼, 이제 헤어질 시간이네요. 여러분, 여기까지 읽어 주셔서 감사합니다!

경제학의 이시카와

2015년 8월 1일 토요일, 고베컨벤션센터 국제전시장이 30대에서 60대까지 다양한 연령층의 여성들로 가득 찼습니다. 연예인 팬 미팅이라도 있는 걸까요? 그러나 정작 연단에 올라온 사람은 수수한 분위기의 곱슬머리 아저씨, 바로《마르크스는 처음입니다만》의 저자 이시카와 야스히로 선생님이었습니다. 장내를 가득 메운 3500명의 청중은 일본을 '해외에서 전쟁하는 나라'로 만들려는 아베 정권의 '전쟁법안'에 반대하기 위해 전국에서 모인 어머니들이었고요 (그래서 집회 이름도 무려 '모친대회'입니다).

이시카와 선생님은 차분하게 정국 현안을 화두로 말을 시작하셨습니다. 30분쯤 지나면 이곳저곳에서 따분함에 몸을 뒤트는 사람이 나오려나 싶었지만 그런 생각은 기우였죠. 시간이 지날수록 오히려 모두 숨을 죽이고, 심각하고도 흥미진진하며, 진지하고도 재치 넘치는 특유의 '사이다 강연'에 푹 빠져들었으니까요. 행사가 끝난 후에는 다들 '그냥 갈 순 없잖아' 하는 표정으로 국제전시장 앞 판매대로 달려갔습니다. 그렇게 팔려 나간 신간만 1000권.

《마르크스는 처음입니다만》의 저자인 이시카와 선생님을 향한 이런 '폭발적인 반응'은 일본에서 그리 낯선 일이 아닙니다. 《하류지향》의 히트로 한국에도 잘 알려진 우치다 타츠루 선생님 팬들 중 적지 않은 수가 고베여학원대학 종합문화학과에 함께 근무하며 《청년이여, 마르크스를 읽자》 시리즈를 같이 쓰신 이시카와 선생님의 팬이기도 하고요. 그래서 '철학의 우치다 (타츠루), 경제학의 이시카와 (야스히로)'라는 말까지 있을 정도입니다.

저서 수에서 조금 차이가 있지 않느냐고요? '이시카와파' 입장에서 말씀드리면, 그의 전문 분야는 공황론입니다. 지난해 7월 31일 타계하신 한국의 김수행 선생님과 같지요. 생전의 김수행 선생님께서 그러셨던 것처럼 이시카와 선생님도 지면을 통해서보다 대중, 특히 노동자들과 직접 얼굴을 마주 보며 소통하기를 즐기십니다. 그래서 대학에 부임하신 이후에도 매년 평균 100회 정도 외부 강연을 다니셨고요. 2012년부터는 책 쓸 시간이 모자라 한해 50회로 제한하고 계시지만요.

위기와 불평등, 그리고 '머스트 해브 아이템'

지난 여름 오랜만에 도쿄대학 혼고本郷 교정을 찾았을 때였습니다. 도서관 앞을 지나는데 누가 달려와 꾸벅 인사를 하는 거예요.

M군(그의 프라이버시를 존중해 이니셜로 표기합니다)이었습니다. 제가 객원연구원 생활을 하던 연구실과 무관한 전공(문학부)인 까닭에 강의 시간에 만날 순 없었지만, 학부생 전체를 대상으로 진행한 특강 때문에 알게 된 이래 종종 만나 수다를 떨던 사이죠.

"요즘도 번역 작업 하고 계세요?"라고 질문을 던지는데, 벌써 얼굴에 장난기가 묻어나더군요. '새침한 꽃미남'의 전형인 외모와 달리 의외로 짓궂은 그는, 제가 번역한 책이 한국에서 출간될 때마다 그렇게 '진지 모드'인 책만 고르기도 쉽지 않을 거라며 놀려 대곤 했거든요.

"아냐, 아냐. 이번엔 좀 다르다고!"

순간적으로 방어 본능이 발동하고 말았습니다. M군은 아무 말도 하지 않았는데, 저는 '아니, 이 아저씨 왜 저러지?' 하는 표정이 스쳐 지나는 그의 얼굴을 쳐다보며 말을 이었습니다. 그렇다고 이야기를 중단해 버리면 분위기가 더 이상해질 것 같아서요.

"…이번에는 좀 다른 책이 나올 거야. 혹시 알려나 모르겠는데 고베여학원대 이시카와…."

"…!"

저는 말을 끝마치지 못했습니다. 약 3초간 '멈칫' 하던 M군이 만면에 희색을 띠며 "…야스히로 선생의 《마르크스는 처음입니다만》!"이라며 저자 이름과 책 제목까지 LTE급 속도로 말해 버렸기 때문입니다.

저출산·고령화, 종신 고용의 붕괴, 장기 불황으로 거리로 밀려난 40 · 50대, 어느새 30퍼센트를 넘긴 20 · 30대 미혼 비율, 청년 실업, 거기에 비정규직의 가파른 상승세가 이어진 끝에 '동일본 대지진'이라는 '카운터펀치'까지 맞았던 일본 사회에서 '카페에서 차라도 한잔 마시면서', 혹은 '소파 위를 뒹굴면서', 심지어 '재미있게' 읽을 수 있는 이 '마르크스 왕초보 입문서'는 위기와 불평등이라는 화두에 목소리를 높이던 이들의 '머스트 해브 아이템'으로 이미 자리 잡고 있었던 겁니다.

슈퍼스타 스토리

아시는 분들은 아시겠지만, 이 책의 주인공 '마르크스 씨 댁의 카를 군', 즉 카를 마르크스는 인류사의 슈퍼스타입니다. 2005년 7월 14일, BBC 라디오에서 방송된 '인 아워 타임In Our Time'이라는 토론 프로그램을 들을 때였습니다. 런던대학교 버크벡Birkbeck 칼리지에서 철학을 가르치다 현재 뉴 칼리지 오브 더 휴머니티스New College of the Humanities의 총장인 철학자 앤서니 그레일링Anthony Grayling, 마르크스 평전의 작가이며 저널리스트로 활동하는 프랜시스 윈Francis Wheen, 그리고 케임브리지대학 정치학 교수인 개리스 스테드먼 존스Gareth Stedman Jones 등 초호화 게스트가 등장한 그날, 마침 '세계에서 가장 위대한 철학자'라는 설문 결과가 소개됐는데요. 마르크스가 27.93퍼센트의 지지를 얻어 당당히 1위를 차지했습니다. 2위인 흄David Hume, 3위인 비트겐슈타인Ludwig Wittgenstein이 각각 12.67퍼센트와 6.80퍼센트의 지지를 받은 걸 보면 실로 놀라운 일이었죠.

이 '슈퍼스타 스토리'에서 이시카와 선생님이 가장 초점을 맞추는 것은 다름 아닌 '재미'입니다. 두근대는 마음으로 새로운 지식을 접하고, 어느덧 그 지식을 통해 주변을 바라볼 만큼 성장한 자신의 모습에서 느끼는 즐거움 말이죠.

옮긴이로서 《마르크스는 처음입니다만》이 특히 마음에 들었던 건 책의 어디에도 '노오력' 비슷한 말이 나오지 않는다는 점이었습니다. 그런 걸로는 에너지를 지속하기 힘들다는 사실을 이시카와 선생님 스스로 경험을 통해 알고 계신 까닭이겠죠. 그는 오히려 '이런 삶의 방식이면 되겠다'고 판단할 수 있는 '자신'을 강조합니다. 이 '자신'을 익히기 위해 우선 '내가 살고 있는 사회 구조를 파악'하고, '사회와 나의 관계를 생각'하며, '나의 성장에 대한 희망을 갖는' 일. 이 세 가지를 한번에 가르쳐 주는 것이 바로 '마르크스'라는 이야기고요. 그밖에 한 가지 꼭 덧붙이고 싶은 것은, 이 책이 '마르크스·레닌주의'에 대한 전면적 재검토가 시작된 후 40년 넘는 세월 동안 축적된 연구 결과가 반영된 '최신 버전 왕초보 입문서'라는 사실입니다.

자, 그럼 이제 슬슬 마무리할게요. 책을 다 읽으신 분들에게는 동어반복일 뿐이고, 아직 못 읽으신 분들에게는 스포일러가 될 테니까요.

《마르크스는 처음입니다만》을 번역·출판하는 과정에서 저는 한국과 일본 양국의 많은 분들에게 신세를 졌습니다.

지구에서 가장 쉬운 마르크스 입문서인 《마르크스는 처음입니다만》을 제가 번역할 수 있도록 허락해 주시고, 거의 한 챕터 분량의 한국어판 서문까지 보내 주신 저자 이시카와 야스히로 선생님, 언제나 가장 가까운 자리에서 형제의 무한한 사랑으로 저를 격려해 주시는 다도코로 미노루田所稔 신일본출판사 대표이사 사장 겸 편집장님, 평생의 은인이자 존재만으로 큰 힘이 되는 의형 시미즈 다카시清水剛 도쿄대학 대학원 종합문화연구과 교수, 제가 소개하는 책들을 언제나 한국의 독자들을 위해 최적화된 '멋진 신간'으로 재창조해 주시는 나름북스의 김삼권, 조정민, 최인희 자랑스러운 세 동지들, 소중한 친구이자 동업자이며 헌신적 우정으로 나를 이끌어 주는 양헌재良獻齋 서재권 대표, 마지막으로 이 책의 실질적 주인인 한국과 일본 두 나라의 출판 노동자 여러분께 이 지면을 빌어 진심 어린 감사의 마음을 전합니다.

2016년 10월 7일
즐거웠던 작업에 마침표를 찍으며
홍상현

부록1

이 책에 등장하는 도서의
한국어판 안내

본문에 언급된 일본어판 도서 중 한국어판이 있는 책의 목록을 싣습니다. (등장 순)

《청년이여, 마르크스를 읽자》
우치다 타츠루·이시카와 야스히로 | 김경원 옮김 | 갈라파고스 | 2011

《일본군 위안부 문제》
이시카와 야스히로 | 박해순 옮김 | 동문선 | 2008

《칼 맑스 프리드리히 엥겔스 저작선집 1~6》
칼 마르크스·프리드리히 엥겔스 | 김세균 감수 | 박종철출판사 | 1997

《독일 이데올로기 1》
칼 마르크스·프리드리히 엥겔스 | 박재희 옮김 | 청년사 | 2007

《독일 이데올로기》
카를 마르크스·프리드리히 엥겔스 | 김대웅 옮김 | 두레 | 2015

《공산당선언》
칼 마르크스·프리드리히 엥겔스 | 남상일 옮김 | 백산서당 | 1989

《공산당선언》
칼 마르크스·프리드리히 엥겔스 | 이진우 옮김 | 책세상 | 2002

《공산당선언》
칼 마르크스·프리드리히 엥겔스 | 서석연 옮김 | 범우사 | 2004

《공산당 선언》
칼 마르크스·프리드리히 엥겔스 | 강유원 옮김 | 이론과실천 | 2008

《루트비히 포이어바흐와 독일 고전철학의 종말》
프리드리히 엥겔스 | 강유원 옮김 | 이론과실천 | 2008

《루트비히 포이어바흐와 독일 고전철학의 종말》
프리드리히 엥겔스 | 양재혁 옮김 | 돌베개 | 2015

《종의 기원》
찰스 다윈 | 송철용 옮김 | 동서문화사 | 2013

《반듀링론》
프리드리히 엥겔스 | 김민석 옮김 | 새길아카데미 | 2012

《자본》
칼 마르크스 | 강신준 옮김 | 길 | 2010

《자본론》
카를 마르크스 | 김수행 옮김 | 비봉출판사 | 2015

《프랑스 내전》
칼 맑스 | 안효상 옮김 | 박종철출판사 | 2003

《자연변증법》
프리드리히 엥겔스 | 한승완·이재영·윤형식 옮김 | 새길아카데미 | 2012

《공상에서 과학으로: 사회주의의 발전》
프리드리히 엥겔스 | 박광순 옮김 | 범우사 | 2006

《가족, 사유재산, 국가의 기원》
프리드리히 엥겔스 | 김대웅 옮김 | 두레 | 2012

《제국주의론》
블라디미르 일리치 레닌 | 남상일 옮김 | 백산서당 | 1986

《데모크리토스와 에피쿠로스 자연철학의 차이》
칼 마르크스 | 고병권 옮김 | 그린비 | 2001

《유대인 문제에 관하여》
카를 마르크스 | 김현 옮김 | 책세상 | 2015

《경제학–철학 수고》,
카를 마르크스 | 강유원 옮김 | 이론과실천 | 2006

《국가와 혁명》
블라디미르 일리치 레닌 | 문성원·안규남 옮김 | 돌베개 | 2015

《카를 마르크스》
블라디미르 일리치 레닌 | 김승일 옮김 | 범우사 | 2010

《하류지향》
우치다 타츠루 | 김경옥 옮김 | 민들레 | 2013

마르크스주의를 탐험하는
왕초보를 위한 추천 도서

본격적으로 마르크스주의를 공부하고 싶어질 분들을 위해 자타공인 '마르크스주의자' 선생님들이 추천한 책입니다.

추천인 (가나다순)

고정갑희 (지구지역행동네트워크 집행위원장, 한신대학교 영어영문학과 교수)

김공회 (런던대학교 SOAS 경제학 박사, 한겨레경제사회연구원 연구원)

김성구 (당인리대안정책발전소 소장, 한신대학교 경제학과 교수)

김현우 (에너지기후정책연구소 상임연구원, 서점 '레드북스' 대표)

노중기 (전국교수노동조합 위원장, 한신대학교 사회학과 교수)

장석준 (글로벌정치경제연구소 기획위원, 《장석준의 적록서재》 저자)

마르크스주의 입문
차근차근 시작해 봐요: 마르크스주의를 알아가는 데 도움이 되는 입문서

Hi, 마르크스 Bye, 자본주의

강상구 | 레디앙 | 2009

가장 쉽게 쓴 자본론 입문서. 우리 문제를 사례로 다뤄 이해가 편하다.
—노중기

중국에도 번역 소개된, 읽다가 웃으며 무릎을 치는 《자본》 입문서. —장석준

동물농장

조지 오웰 | 도정일 | 민음사 | 1998

어떤 동물은 다른 동물보다 더욱 평등하다! 지배 계급, 착취와 억압, 이데올로기, 봉기, 반혁명, 마르크스주의의 모든 것이 들어 있는 엄청난 우화. −김현우

마르크스 사용 설명서

다니엘 벤사이드 | 양영란 옮김 | 에코리브르 | 2011

21세기 독자에게 가장 어울리는 참신한 마르크스 사상 입문서. −장석준

시골 빵집에서 자본론을 굽다

와타나베 이타루 | 정문주 옮김 | 더숲 | 2014

정직한 빵을 만들려다 노동 가치 이론과 자본주의 경제의 비밀을 간파하게 된 저자. 그렇게 마르크스주의자가 된다. −김현우

왜 마르크스가 옳았는가

테리 이글턴 | 황정아 옮김 | 길 | 2012

마르크스에 대한 흔한 오해를 알기 쉽게 바로잡아주는 책. 몰랐던 '오해'도 알게 된다는 단점이 있음. −김공회

마르크스를 둘러싼 낭설 타파. 독자를 마르크스의 동지로 만드는 마법의 책. −장석준

자본과 노동

요한 모스트 | 정연소 옮김 | 한울아카데미 | 2014

마르크스가 개정한 《자본론》 1권 입문서 −김성구

자본론을 읽어야 할 시간

이케가미 아키라 | 이세웅 옮김 | 김공회 감수 | 알에이치코리아 | 2012

세상에서 가장 쉽고 재미있는 《자본론》 해설서. 《자본론》의 구절들을 풀어내는 방식으로 서술해 《자본론》을 실제로 읽었다는 착각이 들 정도. −김공회

자본주의 역사 바로 알기

리오 휴버먼 | 장상환 옮김 | 책벌레 | 2000

자본주의와 경제학의 역사 비판을 이보다 쉽고 재미있게 쓸 순 없다. ─김성구

칼 마르크스: 그의 생애와 시대

이사야 벌린 | 안규남 옮김 | 미다스북스 | 2012

전기를 읽는 것은 그의 사상 전후좌우를 이해하는 좋은 방법 중 하나. 사실 마르크스 전기들 중 무엇을 봐도 괜찮다. 해석은 자신의 몫. ─김현우

칼 맑스 프리드리히 엥겔스 저작 선집3 :임금, 가격, 이윤

박종철출판사 | 1997

어려운 《자본론》의 전체 내용과 취지를 마르크스 자신의 생생한 언어로 쉽게 전달. ─김공회

자본주의 기본 범주들의 관계에 대한 마르크스의 노동 활동가 대상 강연 원고. ─김성구

한국노동운동사 100년의 기록

이원보 | 한국노동사회연구소 | 2013

한국 자본주의 발전과 노동 운동의 전개를 쉽게 설명한 책. ─노중기

휴버먼의 자본론

리오 휴버먼 | 김영배 옮김 | 어바웃어북 | 2011

부르주아 변호론에 맞서 자본주의와 사회주의의 기본 원리를 쉽게 알려 준다. ─김성구

마르크스주의 심화
좀 더 알고 싶을 때: 마르크스주의를 깊이 공부할 수 있는 책

국가와 정치이론
마틴 카노이 | 한기범 외 옮김 | 한울 | 2011

마르크스 이후 두 세기 동안 전개된 정치 이론의 발전과 논점을 일목요연하게 정리. ─장석준

노동운동론연구
호리에 마사노리(굴강정규) 외 | 백산서당 | 1986

절판되었지만 잘 정리된 마르크스주의 노동운동론 입문서가 없는 현실에서 소중하다. ─노중기

마르크스의 가치론
알프레도 사드 필류 | 전희상 옮김 | 책갈피 | 2011

마르크스주의 경제학의 '뇌관'이라 할 수 있는 가치론에 관한 상이한 입장들을 풍부한 참고문헌과 함께 소개. ─김공회

마르크스 평전
자크 아탈리 | 이효숙 옮김 | 예담 | 2006

마르크스와 자본론을 둘러싼 이론적 · 실천적 쟁점들이 비교적 잘 정돈된 책. ─노중기

반듀링론
프리드리히 엥겔스 | 김민석 옮김 | 새길아카데미 | 2012

마르크스주의 철학, 정치경제학, 사회주의의 기본 원리를 논쟁 속에서 해명. ─김성구

서구 마르크스주의 읽기

페리 앤더슨 | 류현 옮김 | 이매진 | 2003

태초에 수많은 마르크스주의들이 있었고, 특히 고전적 마르크스주의라는 진지한 흐름이 있었다. 교조주의 물러가라. −김현우

자본의 17가지 모순

데이비드 하비 | 황성원 옮김 | 동녘 | 2014

자본이라는 적을 알기 위해 평생을 바친 마르크스의 고된 노동을 이어받은 모범적 사례. −장석준

자본주의 경제의 위기와 공황

김수행 | 서울대학교출판문화원 | 2013

공황에 대한 이론적 논의들과 현실 사례 분석을 충실히 담은, '곰돌이 할아버지' 김수행 교수의 최고 역작. −김공회

정치경제학

N. A. 짜골로프 | 중원문화 | 2012

구 소련 최고 수준의 마르크스주의 정치경제학 교과서. −김성구

풀란차스를 읽자

밥 제솝 | 안숙영 · 오덕근 옮김 | 백의 | 1996

국가는 부르주아의 집행위원회인가? 알튀세르, 그람시, 푸코를 경유하여 풀란차스는 '상대적 자율성'을 갖는 국가와 계급 관계를 보여준다. 마르크스주의 정치학은 풀란차스로 일단락되었다. (그리고 한국에서 풀란차스는 절판되었다.) −김현우

학교와 계급재생산

폴 윌리스 | 김찬호 · 김영훈 옮김 | 이매진 | 2004

"Learning to Labour"라는 원 제목처럼, 소년 노동자는 스스로 착취당하는 노동자가 될 준비를 한다. 영국 마르크스주의 문화 연구의 이정표. −김현우

한국의 신자유주의와 노동체제

임영일 외 | 노동의지평 | 2013

신자유주의 모순의 한 복판에 선 한국 사회와 노동 운동 진단. ─노중기

마르크스주의 확장

보다 넓은 공부: 다양한 마르크스주의로 눈을 돌린다면

경제는 왜 위기에 빠지는가

하야시 나오미치 | 유승민 외 옮김 | 그린비 | 2011

과잉 생산 공황의 원리와 20세기 주요 위기의 역사에 대한 알기 쉬운 개설서. ─김성구

국가 권력 사회주의

니코스 풀란차스 | 박병영 옮김 | 백의 | 1994

마르크스주의 이론의 핵심을 그람시를 거쳐 비판적으로 재검토하고 현대 국가 분석에 적용한 이론서. ─노중기

금융자본론

루돌프 힐퍼딩 | 김수행 외 옮김 | 비르투 | 2011

독점 자본과 금융 자본에 관한 제2인터내셔널 최고의 이론서. ─김성구

기후 정의

이안 앵거스 | 김현우 외 옮김 | 이매진 | 2012

기후 변화와 전 지구적 불평등을 함께 해결할 방안으로 생태 사회주의를 모색. ─장석준

리얼 유토피아

에릭 올린 라이트 | 권화현 옮김 | 들녘 | 2012

자본주의의 폐해와 혁명의 필연성을 잘 안다고 자부하는 마르크스주의자들은 분석 마르크스주의자 라이트에 의해 분석당해야 한다. 리얼한 변혁을 위한 리얼한 실천. —김현우

마르크스의 꿈 '자유인의 연합'이 21세기에 어떤 비전과 정책, 전략을 통해 실현될 수 있을지 탐색. —장석준

마술적 마르크스주의

앤디 메리필드 | 김채원 옮김 | 책읽는수요일 | 2013

정확한 이론을 입바른 소리로 떠들어댄다고 사람들이 움직이지는 않는다. 환상, 상상력, 혁명적 마술의 세계로 마르크스주의는 넓어져야 한다. —김현우

설탕, 커피 그리고 폭력

케네스 포메란츠 | 박광식 옮김 | 심산 | 2003

저자가 마르크스주의자는 아니지만, 《공산당 선언》의 역사적 배경을 지구적 관점에서 다루고 있다. —김공회

영국 노동계급의 형성(상·하)

E.P.톰슨 | 나종일 외 옮김 | 창작과비평사 | 2000

영국 자본주의 사회와 이에 대응한 노동 운동의 흐름을 심도 있게 분석한 역저. —노중기

노동 계급을 바라보는 마르크스주의의 관점을 뒤바꿔 놓은 '아래로부터의 역사'의 걸작. —장석준

우리는 왜 이렇게 오래, 열심히 일하는가?

케이시 윅스 | 제현주 옮김 | 동녘 | 2016

《자본》의 최후 결론인 '노동 시간 단축과 자유 시간 확대'를 실현하려는 우리 시대 고민의 최전선. —장석준

재생산의 비밀

레오뽈디나 포르뚜나띠 | 박종철출판사 | 1997

여성의 가사와 매춘 노동을 자본주의적 생산을 위한 (재)생산 노동임을 주장하는 시도. -고정갑희

정치경제학의 대답

김수행 · 장시복 | 사회평론 | 2012

마르크스주의 경제학이 현대 경제의 다양한 문제를 이해하는 데 어떻게 응용될 수 있는지 보여준다. 국내 학자들이 쓴 책이라 더 좋다. -김공회

캘리번과 마녀

실비아 페데리치 | 황성원 외 옮김 | 갈무리 | 2011

자본주의의 시초축적과 여성 섹슈얼리티의 억압을 연결하는 새로운 시각. -고정갑희

현대자본주의와 장기불황

김성구 | 그린비 | 2011

현대 자본주의와 장기 불황, 2008 금융 위기에 대해 가장 올바르게 분석한 책. -김성구

환경주의자가 알아야 할 자본주의의 모든 것

존 벨라미 포스터 · 프레드 맥도프 | 황정규 옮김 | 도서출판삼화 | 2016

기후 변화, 미세 먼지, 핵 발전은 자본주의의 동학과 깊은 관련이 있다. 지당한 말이지만 우리가 충분히 알고 있느냐 하면 그렇지는 않기에 보아야 할 생태사회주의 교재. -김현우